내 아이를 글로벌 리더로 키우는

엄마표 학습코칭

내 아이를 글로벌 리더로 키우는
엄마표 학습코칭

ⓒ 연영주, 가향순, 구소연, 김영미, 문현숙, 이정윤, 임정희, 2024

초판 1쇄 발행 2024년 4월 25일

지은이	연영주, 가향순, 구소연, 김영미, 문현숙, 이정윤, 임정희
펴낸이	이기봉
편집	좋은땅 편집팀
펴낸곳	도서출판 좋은땅
주소	서울특별시 마포구 양화로12길 26 지월드빌딩 (서교동 395-7)
전화	02)374-8616~7
팩스	02)374-8614
이메일	gworldbook@naver.com
홈페이지	www.g-world.co.kr

ISBN   979-11-388-3024-9 (03370)

7인의 무지갯빛 전문코치들이 전하는

내 아이를 글로벌 리더로 키우는
엄마표 학습코칭

연영주·가향순·구소연·김영미·문현숙·이정윤·임정희 지음

7인의 전문코치들이 전하는 엄마들의 고민 해결을 위한 가이드 북

꿈과 목표가 있는 아이로, 인성이 바른 아이로,
자기주도성이 높은 아이로, 공부 잘하는 아이로

좋은땅

초보 엄마에서 전문코치 엄마로 거듭나기

• **지은이 연영주가 전합니다**

아이는 엄마에게 귀한 선물입니다.

모든 자녀들은 엄마에게 큰 행복의 선물을 가져다주었습니다.

첫 번째 선물은 아이를 임신했다는 소식을 접했을 때 무한한 행복을 느끼며 '부디 건강한 모습으로만 태어나 다오'라며 10개월 동안 정성스럽게 태아를 돌봅니다. 두 번째 선물은 아이가 엄마 배 속에서 세상 밖으로 나온 순간입니다. 아이의 건강한 모습을 확인하면서 감사의 눈물을 흘리셨던 기억이 생생하게 떠오르실 겁니다. 그렇게 귀한 선물의 자녀를 좀 더 잘 키우고 싶은 심정은 모든 엄마들의 같은 마음입니다. '혹시라도 다른 아이에 비해서 체중이 덜 나갈까?', '키는 정상적으로 자라고 있나?' 노심초사하며 평균 이상의 아이로 키우고 싶은 마음에 공감합니다. 하지만, 우리는 초보 엄마이기 때문에 어떻게 아이에게 도움을 줘야 할지 잘 모르고 좌충우돌하며 어느덧 어린이집에 보내고, 초등학교에 보내고 엄마의 품에서 조금씩 멀어지는 자녀를 바라보며 잘 성장해 주기만을 바라게 됩니다.

이 책은 자녀를 미래의 주인공으로 키우고 싶어 하는 예비 엄마, 초보 엄마 등 모든 엄마들의 고민을 함께 나누며 어떻게 하면 내 자녀를 잘 키울 수 있는지 방법을 제시하고자 합니다. 다양한 학습코칭 현장에서 자녀의 교육에 대한 고민을 하는 엄마들을 쉽게 만날 수 있었습니다. "자녀가 어떻게 하면 공부에서 흥미를 느낄 수 있을까요?", "자녀의 학습 능력을 최대한 발휘시킬 수 있는 방법은 뭐가 있을까요?", "과도한 스트레스 없이 효과적으로 공부할 수 있는 방법 좀 알려 주세요" 등의 다양한 질문들을 받곤 합니다. 이들은 자녀의 미래를 위해 어떻게든 최선을 다하고자 하지만, 때로는 혼란과 불안에 휩싸이기도 합니다. 학습 현장에서 얻은 경험적 노하우를 기반으로 엄마들의 질문에 대한 답을 제시해 드리고, 이러한 엄마들의 마음에 공감하고, 그들이 자녀의 미래를 열어 나가는 데 도움이 되고자 합니다. 더불어 나 자신을 뛰어넘는 힘을 발견하고, 예비 엄마와 초보 엄마들에게 새로운 가능성을 열어 주는 훌륭한 도구가 되길 희망합니다. 학습코칭은 자녀에게 무한한 가능성이 있다는 믿음에서 시작됩니다. 모든 사람에게 무한한 가능성이 있다는 것은 코칭의 핵심 철학이기도 합니다.

엄마들은 자녀들이 뛰어나게 되기를 바라면서도, 그들의 개성과 독특한 장점을 존중하고 싶어 합니다. 여기서 한 가지 불편한 고민이 생깁니다. 학습코칭은 학습을 강조하는 영역이기 때문에, 아이들이 원하는 것, 좋아하는 것, 그리고 잘하는 것을 중요시하는 엄마들에게는 학습코칭이 불편하게 느껴질 수도 있습니다.

아이의 개성과 생각을 존중하고, 그들이 원하는 삶을 강조하면서도, 학습을 강조하는 것이 서로 충돌하는 듯한 느낌이 들 수 있습니다. 이 책을 통해서 그런 고민에 대한 해답을 찾게 될 것입니다. 엄마들은 학습을 강조하는 것과 아이들의 개성을 존중하는 것이 서로 배타적이지 않다는 것을 깨닫게 될 것입니다. 오히려, 가정에서의 학습코칭은 아이들의 개성과 독특한 장점을 살려 더욱 탁월하게 하는 데 가장 강력한 도구가 될 것이며, 이를 통해 자신만의 밝은 미래를 개척해 나아갈 수 있을 것입니다.

이 책은 코칭의 본질에 맞게 네 가지 파트로 구성되어 있습니다. 엄마들의 고민을 통해 자녀와 자신을 탐색하는 여정을 시작으로 자기 자신을 되돌아보며 자녀에게 도움이 되는 역할에 대해서 성찰하게 되고, 이를 통해 학습코칭에 대한 욕망과 필요성을 느끼게 됩니다. 이어지는 성장의 과정에서, 엄마들은 실질적인 학습코칭 전문가로 거듭나기 위한 새로운 지식과 기술을 습득하며 전문가로서의 자리에 걸맞은 역량과 스킬을 쌓아 나가게 됩니다. 마지막으로 이런 성장의 과정은 단순한 이론이 아니라 지속적인 실천을 통해 자신을 발전시키며, 학습코칭 전문가로의 여정을 걸어나가게 됩니다. 엄마들의 여정을 탐색, 성찰, 성장, 그리고 실천의 순서로 풀어내며, 이러한 여정을 통해 엄마들은 더 나은 학습 환경을 조성하고, 자녀의 잠재력을 최대한 발휘하며, 성공적인 학습 태도를 유도하는 데 필요한 도구와 지식을 얻을 수 있을 것입니다.

이 책을 완성하기까지 코치이기 이전에 자녀의 엄마로서 그리고 학습코칭 현장에서 직접 체험한 노하우를 기반으로 진심을 다해서 공동작업을 해 주신 가향순 코치님, 구소연 코치님, 김영미 코치님, 문현숙 코치님, 이정윤 코치님, 임정희 코치님께 감사의 말씀을 전하며 독자로서 학습코칭의 여정을 함께해 주실 모든 엄마들에게 감사의 말씀을 전합니다.

• 지은이 가향순이 전합니다

'어떻게 해야 내 아이가 행복하게 사람으로 성장할 수 있도록 도울 것인가?'

아이가 부모의 삶으로 들어온 이유는 부모가 스스로 어떤 사람인지를 새롭게 알아차림 하도록 돕기 위함이라는 것을 알게 되면 아이가 부모의 진정한 모습을 발견하도록 돕는 존재와 존재의 특별한 만남이라는 것을 알게 됩니다.

아이를 양육한다는 것은 단순한 지적활동이 아니라, 깊은 애정의 에너지가 필요한 순간순간의 교류입니다.

정서적 상호작용이 원활하게 이루어지면 아이는 스스로 필요한 욕구를 충족하고 안정된 상태에서 올바른 학습의 자양분이 이루어진다고 봅니다.

독립된 존재로 아이를 바라보며, 존재로 인정하는 것이 우리가 아이에게 해 줄 수 있는 최고의 선물이며, 아이는 이 세상에 존재하는 것만으로 있는 그대로의 모습을 인정받을 권리가 있다는 걸 알아야 합니다.

아이는 자라면서 스스로가 축복받은 존재라는 확신과 믿음으로 자랄 때, 학습의 무한한 호기심과 창의성을 놀이처럼 즐기며 성장합니다.

제 유년 시절은 시골의 작은 학교 교사였던 아버지의 영향으로 자연과 함께하는 정서적 교감과 학습에 대한 끊임없는 호기심으로 성장했으며, 정서적 안녕감이 지금은 엄마로서 학습코칭 전문가로서 역할을 할 수 있도록 무한한 자원은 근원은 부모님이 주신 소중한 유산이라고 생각합니다.

내 아이를 글로벌 리더로 키우는 엄마표 학습코칭

하지만 저도 일관성 없는 양육태도와 아이가 어떻게 성장하면 좋을지에 대한 명확한 가치관이 없이 그저 아이에게 음식을 해주고 숙제를 봐주고 학원을 보내는 것이 오직 엄마로서의 역할을 다한다는 착각 속에서 살아왔습니다.

지금은 학습코칭의 전문가로서 교육 현장에서 다양한 아이들과 엄마들을 만나면서 그들의 이야기와 고민을 함께 공유하며, 가정에서 엄마들이 어떻게 '엄마 코치'로서 아이들에게 도움을 줄 수 있는지에 대한 깊은 고민을 하게 되었습니다.

'엄마 코치'로 성장하기는 더 이상 단순한 엄마의 역할 그 너머, 엄마와 자녀가 함께 '자기다움'으로 성장하는 여정입니다.

이 책은 엄마들이 자녀들과 함께 동반자로서 성장하며, 다양한 도전과 고민을 어떻게 극복해 나갈 수 있는지에 대한 안내서가 될 것입니다.

여러분이 자녀들과 함께 성장하는 '엄마 코치'가 되어 지금 이 순간 행복한 삶의 여정을 즐기도록 돕고자 합니다. '내 마음', '네 마음', '한마음'으로 성장을 응원합니다.

• 지은이 구소연이 전합니다

음악은 모두의 언어이자 마음의 언어라고 말합니다.

어린 시절, 처음 교회에서 처음 접했던 트리오 찬양 연주는 내 마음에 깊이 담기고 깊은 울림을 주었습니다.

그렇게 선물처럼 다가온 바이올린은 부모님의 지원으로 내 삶의 목표를 세우게 하고 목표를 향해 함께 동행하는 나의 친구가 되었습니다. 한음, 한 음 탐색하며 소리를 만들어 내면 그 작은 몸에서 울려 나오는 소리는 음악이 되고 찬양이 되면서, 나의 힘이 되었고, 지금까지도 나의 삶에 불을 지펴 주며 내 삶을 지켜 주고 있습니다.

음악은 나에게 더 큰 세계를 열어 주었고, 나만의 소리를 찾게 해 주었습니다.

음악으로 더 깊은 교육을 하기 위해 교육학을 전공하고 사회에 기여하는 음악인이 될 수 있도록 사회복지 분야의 박사학위를 거치며, 미래의 주인공인 청소년들이 더 넓은 세계로 비상할 수 있는 기회를 갖게 하는 비전을 품었습니다.

이러한 비전은 클래식 연주에서 음악교육으로, 그리고 청소년 복지와 심리상담으로 이끌어 주었고, 상담에서 만나게 된 코칭은 나와 함께하는 모든 가정의 부모와 자녀의 삶에 더 넓은 비전을 갖게 해 주었습니다.

오랜 시간 저마다 고유한 특성을 지닌 다양한 가정의 엄마와 자녀를 만났던 경험을 토대로 엄마들에게 전하고자 하는 이 책은, 가정에서 엄마의 역할과 개입이 아이의 성장에 미치는 영향에 대해 알리고자 하는 바람이자 작은 소리입니다.

내 아이를 글로벌 리더로 키우는 엄마표 학습코칭

우리의 가정은 작은 오케스트라입니다. 각기 다른 특성과 포지션이 있는 악기로 이루어진 가족의 구성원들이 함께 만들어 내는 화음은 가족의 행복한 연주입니다. 엄마들은 이 연주의 핵심이자 지휘자입니다. 아이들이 자신의 위치와 소리를 찾아 가며 자랄 수 있도록, 엄마의 지휘가 어떻게 아이들에게 영향을 미치는지 알아 가는 여정이 시작됩니다.

이 책은 엄마들에게 아이들의 성장과 발달에 미치는 긍정적 영향에 대해 깊이 생각해 보게끔 도와주고, 가정에서의 엄마의 역할을 새롭게 인식하고 이해할 수 있는 계기가 될 것입니다. 우린 저마다 어린 시절 힘이 되는 엄마의 노래를 기억하고 있습니다. 이제는 아이들에게 선물로 줄 아름다운 선율이 있는 작은 음악회에 참여해 보시겠어요?

나의 노래와 함께, 내 자녀와의 이야기를 만들어 나가길 바랍니다.

• 지은이 김영미가 전합니다

10년 전 아르헨티나에서 살다 한국으로 돌아온 후 할 일을 찾다 코칭을 알게 되었습니다. '모든 사람은 온전하고, 해답을 내부에 가지고 있고, 창의적인 존재로 본다.'라는 ICF(국제코치연맹) 코칭 철학에 매료되어 오십이 훨씬 넘은 나이에 국민대 경영대학원에서 '리더십과 코칭 MBA' 석사학위 전문교육을 받고 코치가 되어 활동하고 있습니다.

코치는 사람들의 밝은 미래를 위한 자신감을 높여 더욱 성장할 기회를 일깨워 줍니다. 코칭은 능동적이고 자발적으로 문제 해결법을 찾아가는 데 도움이 되기 때문에 엄마가 코치가 되어 지도한다면 아이를 자기주도성이 높은 아이로 키울 수 있습니다. 아이들은 미래의 주인공이 될 것입니다. 그들이 세상을 변화시키고 자신의 꿈을 이루는 데 필요한 열정과 자신감을 키울 수 있도록 엄마들은 노력해야 합니다. 모든 엄마들은 아이를 키우면서 그들이 행복하고 성공적인 삶을 살 수 있도록 최선을 다합니다. 엄마로서 저는 여러분과 같은 방향으로 함께 걸어가고자 합니다.

저는 아이를 키울 때 '아이가 어떤 사람인지. 무엇을 원하는지. 어떤 생각을 하는지…' 아이의 특성을 살피지 않은 것 같습니다. 만약 그때 엄마 코치였다면 이런 실수를 하지 않았겠죠. 지금 생각하면 참 아쉬운 마음입니다.

우리는 여러분과 함께 아이를 위한 학습코칭에 동참하며, 우리 아이들이 미래의 세계에서 주도적이고 창의적으로 성장할 수 있도록 돕는 것이 목표입니다. 학습코칭은 엄마들이 아이들과 관계를 더 깊이 있고 의미 있게 만들고, 꿈과 목표를 이루는데 도움을 줍니다. 학습코칭 전문가로 거

내 아이를 글로벌 리더로 키우는 엄마표 학습코칭

듭나기 위해 이 책은 여러분의 고민을 밝혀 줄 것이고, 아이들과 유대감을 높이는 훌륭한 길잡이가 되어 줄 것이라 확신합니다.

• 지은이 문현숙이 전합니다

동시대를 살아가는 엄마의 한 사람으로서 자녀를 사랑하는 마음과 자녀에 대한 고민은 모든 엄마들의 공통점이라 생각됩니다. 돌이켜보면, 결혼을 해서 아이를 낳고 많은 역할을 하면서 많은 것을 배우고 느꼈습니다. 그중에서도, 아이들과 많은 시간을 함께 보내지 못한 것이 크게 후회로 남아 있습니다. '품 안의 자식'이라는 말이 있듯이 자녀가 성장하면 부모 품을 떠나는 것이 현실이지만 품 안에 있을 때만큼은 자녀와 함께해주는 것이 부모의 역할이라는 생각이 듭니다.

아이들은 언젠가 부모의 품에서 벗어나 자립의 길로 나아가게 됩니다. 하지만 그들이 아직 어린 시절, 부모의 품 안에서 지내던 때는 대신할 수 없이 소중하고 따뜻한 순간들로 가득 차 있습니다. 이 순간들이 그리워질 때마다, 나는 더 많은 시간을 자녀들과 함께 보낼 수 있었으면 하는 생각에 사로잡힙니다.

이제는 조금 늦은 감이 있지만, 나의 경험과 고민을 토대로 동시대의 엄마들과 나눌 수 있는 가치 있는 이야기를 전하고자 합니다. 아이들과 함께하는 소중한 시간이 부족하다고 느꼈던 고뇌와, 이를 극복하고자 노력한 학습코칭 방법들을 솔직하게 들려드리고 싶습니다.

우리 엄마들은 누구나 자녀에게 최고의 미래를 향해 성장하도록 도움을 주고 싶어 합니다. 그동안의 부족함과 미흡함에 대한 후회를 채우기보다는, 앞으로의 성장과 발전을 위한 첫 걸음을 내 아이들과 함께 시작하고자 합니다. 함께 이야기하며, 고민하며, 그리고 사랑하며 나아가는 여정에서 우리 엄마들끼리 손을 맞잡고 나아가길 바랍니다.

내 아이를 글로벌 리더로 키우는 엄마표 학습코칭

이 책은 나의 경험에서 찾은 소중한 교훈들과 동시대 엄마들에게 전하고 싶은 메시지들로 가득할 것입니다. 이제, 우리 아이들을 미래의 주인공으로 키우는 여정을 함께 시작해 봅시다.

• 지은이 이정윤이 전합니다

20년 동안 의류사업을 하면서 우연한 계기로 코칭의 매력에 빠지게 되었고, 심리학 석사와 박사 과정을 거쳐 전문 코치가 되었습니다.

이 과정에서 다양한 학생들과 그들의 부모님들을 만나며 가정에서 엄마의 역할의 중요성을 깨닫게 되었습니다. 그런데 나의 일상을 돌아봤을 때, 부모로서 더 나은 부분을 찾고자 하는 욕구와 아이들에게 더 많은 시간을 보내지 못한 아쉬움이 생겼습니다. 특히 결혼하지 않은 예비 엄마들과 어린 자녀를 둔 엄마들에게 나의 경험을 통해 도움을 주고 싶은 마음이 강하게 들었습니다.

저처럼 일을 하는 엄마들은 가정과 직장 간의 균형을 찾는 법을 배우는 경험을 통해 자녀들에게 조화롭게 살아가는 방법을 가르칠 수 있으며, 이를 통해 자녀에게 시간 관리, 우선순위 설정, 그리고 스트레스 관리 등 중요한 생활 스킬을 가르칠 수 있는 워킹맘에 강점이 있습니다.

그래서 이 책에서는 가정에서 엄마가 코치 역할을 수행하며 자녀와 함께 파트너십을 형성하는 중요성을 강조하고자 합니다. 엄마 코치가 되어 아이들을 사랑하고 이해하는 과정에서 엄마 스스로도 성장하고 더 나은 삶을 살아갈 수 있는 지혜를 얻을 수 있을 것입니다.

이 책을 통해 여러분은 가정에서 엄마로서의 역할을 새롭게 발견하고, 아이들과 함께 보내는 시간이 얼마나 의미 있는 것인지를 깨닫게 될 것입니다. 이 여정을 통해 여러분은 아이들에게 뛰어난 엄마가 되는 동시에 멋진 코치로서 자신만의 세계에서 빛을 발하게 될 것이라 믿습니다.

• 지은이 임정희가 전합니다

나의 인생은 코칭을 만나기 전과 만난 이후의 삶으로 나뉩니다. 코칭을 만나기 전에는, 자녀들에게 엄격한 엄마이면서 자기중심적인 삶을 살고 있었습니다. 그러나 코칭을 만난 이후, 나 자신이 아닌 누군가에게 도움이 되고 기여하는 삶의 가치를 깨닫게 되었고, 그런 삶을 실천하며 행복감을 찾게 되었습니다.

이 변화는 가정에서 가장 먼저 일어났습니다. 나의 자녀들과의 관계가 뒤바뀌어 가는 것을 느끼면서, 나는 더 나은 부모가 되기 위한 길을 찾아 나섰습니다. 처음에는 어려움과 불안이 가득했지만, 그 시점에서 시작된 코칭 여정은 나의 삶을 깊이 있는 방향으로 이끌어 주었습니다.

세상이 빠르게 움직이며 자녀들이 자라고, 엄마와의 소통 기회가 줄어들게 되는 현실을 놓쳐선 안 됩니다. 나는 성장하고 있는 자녀들에게 뒷전이 되는 대신, 코칭을 통해 그들과 소통하고 함께 성장하는 방법을 찾았습니다. 이를 통해 나는 중고생이 된 자녀들과의 관계 회복에 성공하게 되었고, 그 과정에서 감사함을 느꼈습니다.

나는 그 변화를 위해 노력하면서 코칭이 얼마나 중요한 역할을 하는지 알게 되었습니다. 이 책에서는 엄마와 자녀 간의 소통을 넘어, 학습코칭을 적용하여 자녀를 위한 길을 열어 가는 과정을 나누고자 합니다. 가정에서의 소통, 관계 회복, 그리고 학습코칭을 통한 성장은 우리 자녀를 미래의 주인공으로 만드는 길일 것입니다. 이 책을 통해 여러분과 함께 나눌 이야기들이 기대됩니다. 함께 나아가며, 더 나은 부모, 더 나은 엄마로 거듭나는 여정을 함께해 봅시다.

CONTENTS

실천하기

실천하지 않으면 아무것도 이룰 수 없습니다. 내 아이를 미래의 주인공으로 만들기

위해서 실천하기

자녀에 대한 엄마들의 진솔한 고민

탐색하기

엄마들의 진솔한 고민을 경청하고 공감하며 나 자신과
자녀의 모습에 대한 탐색

'자녀들이 본인 스스로 주도적으로 공부를 하면 얼마나 좋을까요?' 모든 엄마들의 공통된 바람이기도 하며, 고민이기도 합니다. 미취학 아동 즉, 나이가 어릴수록 스스로 알아서 공부를 하기는 매우 힘들며 친구들과 어울려 놀거나 본인이 흥미 있고 재미있는 놀이에 집중하게 됩니다. 사람은 본능적으로 관심이 가는 곳에 자신의 에너지가 흐르고 에너지가 흐르는 곳에 자신의 몸이 움직이게 됩니다.

자동차, 기차, 비행기 등도 에너지의 힘으로 움직입니다. 사람 역시 에너지의 힘으로 움직이게 됩니다. 우리는 이 에너지를 동기라고 표현합니다. 동기의 사전적 의미는 '어떤 일이나 행동을 일으키게 하는 계기'라고 되어 있습니다. 아이들이 스스로 알아서 공부를 하면 얼마나 좋겠냐마는, 아이들은 공부보다 노는 것을 더 좋아합니다. 노는 것을 좋아하는 이유는 공부보다 재미있기 때문입니다.

우리 엄마들은 아이들에게 스스로 공부할 수 있는 동기부여가 필요하고 중요하다는 것을 인식하면서도 '어떻게 동기부여를 갖게 해 줄까?'라는 고민보다는 "제발 공부 좀 해라!" 등의 잔소리만 하게 됩니다. 잔소리를 하면서 엄마들은 자녀를 위해서 부모로서 개입을 했다는 약간의 위로를 받습니다.

　아이들마다 동기부여의 힘을 얻게 되는 방법에는 차이가 있습니다. 우뇌가 발달한 아이들은 무언가를 논리적으로 받아들이는 능력보다는 머릿속에서 상상하거나 재처리하는 역할을 하기 때문에 창의적, 예술적, 여성적, 수동적 등 감정능력이 발달하게 하게 됩니다. 반면에 좌뇌가 발달한 아이들은 정보처리 능력이 발달하기 때문에 무언가를 감정적으로 받아들이기보다는 논리적, 계산적, 분석적, 남성적, 능동적 등 이성적 능력이 발달하게 됩니다. 여기에서 신기한 사실은 좌뇌와 우뇌는 연수에서 신경교차가 일어나기 때문에 좌뇌는 우측 팔다리, 우뇌는 좌측 팔다리를 움직이게 한다는 점입니다. 자녀들이 우뇌와 좌뇌 중 어느 쪽이 더 발달했는지 관심을 갖고 관찰하는 것도 굉장히 중요합니다. 그 이유는 아이들이 받아들이는 정도가 틀리기 때문입니다. 우뇌가 발달한 아이에게는 공부를 왜 해야 하는지 논리적으로 접근하기보다는 스스로 감정적으로 공부의 필요성을 느낄 수 있도록 동영상이나 책을 읽게 함으로써 공부의 필요성을 느끼고 스스로 공부를 해야겠다는 동기가 생기게 됩니다. 반면 좌뇌가 발달한 아이들은 공부를 왜 해야 하는지 논리적으로 설명을 해 줘야 스스로 이성적으로 판단해서 공부의 필요성을 느끼게 되고 공부를 해야겠다는 동기가 생기게 됩니다. 물론 우뇌와 좌뇌의 발달 여부를 쉽게 구별하기란 쉽지 않습니다. 명확하게 구별이 되는 상황 또는 자녀의 특성을 잘 알고 있는 경우에는 동기부여의 방법을 달리하는 것도 중요하겠습니다.

　다음은 흥미, 재미라는 관점에서 이야기를 나누려고 합니다. 공부가 놀이만큼 재미있으면 아이들은 공부에 흥미를 갖게 되고 스스로 공부할 수 있는 힘이 생길 겁니다. 그렇다면 엄마들은 '자녀들이 스스로 알아서 공부를 하면 얼마나 좋을까?'라는 고민에서 '어떻게 하면 스스로 공부를 하게 할 수 있을까?'라는 고민을 할 필요가 있습니다. 우리는 스스로 자신에게 질문을 해 보고 그 질문에 대해서 곰곰이 생각을 해 볼 필요가 있습니다.

- 내가 자녀에게 잔소리를 했는지? 동기를 높이도록 방법을 제시했는지?
- '내 아이는 우뇌가 발달했는지, 좌뇌가 발달했는지?'에 대해서 관심을 가졌는지?
- 공부에 대한 흥미와 재미를 느끼도록 어떤 노력을 했는지?

　자녀의 학습에 대한 동기 부족은 종종 부모의 자존심과 미래에 대한 두려움으로 이어지며 이러한 고민은 다양한 측면에서 나타나며, 부모로서 자녀의 미래에 대한 책임감과 더불어 교육시스템의 변화, 디지털 시대의 도래 등이 그 배경에 깔려 있습니다. 뿐만 아니라, 엄마들은 교육시스템의 변화와 함께 변하는 학습 방법에 대한 불안을 느끼고 있습니다. 전통적인 학습 방식과는 다른 창의성과 자기주도 학습이 강조되는 교육환경 속에서, 엄마들은 자녀의 학습 능력을 최대한 향상시키기 위해 어떤 방향으로 나아가야 할지에 대한 고민이 깊어지고 있습니다. 자녀의 학습에 있어 부족한 부분이 발견되면 어떻게 적절히 지원할지에 대해 고민을 하고 있습니다. 각자의 특성과 수준에 맞게 개인화된 학습 지원이 필요한데, 이를 어떻게 제공할지에 대한 고민은 끊임없이 이어지고 있습니다.

　이러한 다양한 고민들은 엄마들이 자녀의 학습에 얼마나 많은 관심을 갖고 있는지를 보여 줍니다. 더불어, 이러한 고민들은 학습코칭이라는 새로운 지향으로 나아가기 위한 출발점으로 기능할 수 있습니다.

공부에 흥미가 없어서 고민이에요

"노는 것에 비해 반의 반만큼만 공부에 흥미를 가졌으면 좋겠어요."

아이들이 놀이만큼 공부에 흥미를 가지고 재미있게 하면 얼마나 좋겠어요. 하지만 현실에서는 엄마들이 흥미로운 공부 방법 찾기 위해 노력할 때, 자녀들의 공부에 대한 무관심과 마주치곤 합니다. 엄마들은 어떻게 하면 자녀들의 깜짝 놀랄 만한 공부의 세계에 발을 디딜 수 있을지에 대한 고민에 시달리곤 합니다.

아이들이 놀이에 흥미를 느끼는 이유는 자신이 실행에 옮긴 노력에 대해서 바로바로 피드백을 얻을 수 있어서 흥미를 갖게 되는 것입니다. 실례로 게임을 했을 때 바로바로 점수가 올라가는 피드백을 부여받아서 더 높은 점수를 받고 싶은 욕구가 생기게 되고 그러한 모습은 흥미로 비치는 것입니다. 게임은 다양한 아이템을 추가하거나 일정 노력의 시간이 지나면 실력이 향상된다는 것을 바로바로 체감할 수 있습니다. 성인들도 이러한 현상은 쉽게 발견할 수 있습니다. 애니팡이라는 온라인 게임이 나왔을 때 어느 장소에도 쉽게 게임에 몰입해 있는 성인들을 쉽게 볼 수 있었습니다. 바로바로 피드백이 온다는 것은 남녀노소 흥미를 갖게 하는 힘이 있습니다. 이러한 원리를 이용하면 공부에도 충분히 흥미를 느낄 수 있다고 생각됩니다.

이러한 피드백은 자녀의 흥미를 불러일으키는 원동력도 되지만, 한편으로는 흥미를 떨어뜨리는 역효과를 나타낼 수도 있습니다.

시험 점수를 80점 받은 두 아이가 있다고 가정해 봅시다.

> A 엄마 : "조금만 노력했으면 100점 받을 수 있었는데 좀 더 열심히 해라!"
> B 엄마 : "80점이나 받았어! 잘했네. 다음에는 5점만 더 올려 보자."

A 엄마의 경우는 공부에 대한 자신감과 흥미를 떨어뜨리게 되고, B 엄마의 경우는 공부에 대한 자신감과 흥미를 갖게 해 주게 됩니다. 이러하듯 같은 점수이지만 엄마들이 어떻게 피드백을 해 주느냐에 따라서 다른 결과를 가져오게 됩니다.

엄마들은 자녀들이 행복하게 자라기를 원하는 동시에 공부를 잘하기를 바랍니다. 아이들의 가장 행복한 모습은 놀이와 즐거움에서 시작됩니다. 마음 편안한 놀이, 청량한 웃음소리는 어린이들의 순수한 마음을 가장 아름답게 반영합니다.

하지만 놀이만큼이나 중요한 것이 있습니다. 공부, 지적인 성장, 그 안에 담긴 무한한 가능성들을 발견하고 키워 나가는 것입니다.

'놀이만큼 공부에 흥미를 가졌으면 하는' 엄마들의 고민은 두 마음을 함께 갖고 있습니다. 하나는 자녀들이 놀이를 통해 즐겁게 성장하면서 친구들과 소통하고, 자유롭게 상상력을 발휘할 수 있기를 바라는 마음입니다. 다른 하나는 그 안에 깊이 감춰진 학습의 즐거움, 지적 호기심의 불씨를 발견하여 더 넓고 높은 지식으로 향하게 하고 싶은 욕망입니다.

우리는 어린 시절, 놀이를 통해 많은 것을 배웠습니다. 공기놀이에서 숫자를 세고, 블록 쌓기로 공간 감각을 키웠습니다. 그림을 그리며 상상력을 길러 나가고, 동화책을 통해 언어의 세계에 발을 들였습니다. 이 모든 경험이 우리의 지적 성장에 영향을 끼쳤습니다. 그런데 언제부터인가, 놀이와 공부가 서로 대립하는 것으로 여겨졌습니다. 엄마들은 자녀들에게 '놀이는 놀이로 하고, 공부는 공부로 해야 한다'는 이러한 심리적 경계를 느끼기 시작했습니다. 그러나 더 중요한 것은 놀이와 공부가 서로 보완적인 요소임을 알아차리는 것입니다.

학교에서 적용되는 표준 교육 방법은 학생들의 다양한 흥미와 학습 스타일을 고려하지 못할 때가 많습니다. 이로 인해 일부 자녀는 학교에서 제공되는 내용에 흥미를 느끼지 못하게 되고, 결과적으로 학습에 소극적인 태도를 보일 수 있습니다. 학문의 응용과 실제 적용이 부족한 교육환경에서 자녀들이 공부에 흥미를 잃을 수 있습니다. 수많은 과목 중에서 현실 세계와의 연결고리가 떨어진다고 느낄 때, 자녀들은 학습 활동에 대한 흥미를 잃게 됩니다.

이는 실생활에서의 적용 가능성을 갖춘 교육 방법과 콘텐츠의 부재로 이어질 수 있습니다. 부정적인 학습 환경이나 교사와의 관계에서 비롯된 스트레스나 부담은 자녀들이 학습에 대한 부정적인 감정을 품게 할 수 있습니다. 학습 경험이 부정적으로 연결되면 자녀들은 공부를 피하거나 학습 활동에 대한 거부감을 가질 수 있습니다. 엄마들은 이러한 상황에서 자녀의 감정적인 안정성을 고려하면서 학습 환경을 조성하는 것이 중요하다고 느낍니다.

개인적인 흥미나 적성에 맞지 않는 교과과정이나 학문 분야에서의 강요는 자녀들이 공부에 흥미를 느끼지 못하게 만들 수 있습니다. 엄마들은 자녀의 특성과 관심을 고려하여 학습 활동을 다양화하고, 개인화된 학습 경험을 제공하는 것이 흥미를 높일 수 있습니다. 엄마는 학교 교육 외에도 다양한 경험과 자원을 활용하여 자녀의 호기심과 특성을 존중하고 촉진함으로써 학습에 대한 긍정적인 태도를 유도하는 데 노력해야 합니다.

아이가 어떤 생각을 하고 있는지 궁금해요

엄마는 자녀가 태어나는 순간부터 24시간 함께하면서 아이 눈빛, 울음 소리만으로도 무엇을 원하는지 알아차리게 됩니다. 그런 자녀가 조금씩 성장하면서 어느 순간, 우리는 자녀의 눈 속에 비밀의 문이 열리는 것을 깨달을 때가 있습니다.

그 문 안으로는 그들만의 세계가 펼쳐져 있고, 그 세계 안에는 그들만의 이야기가 숨어 있습니다. 그러나 엄마들은 이 작은 비밀의 문을 열기 위해 노력하지만, 때로는 문을 닫는 소리만 듣곤 합니다. 우리의 자녀들이 엄마들에게 마음을 열어 주지 않는 것은 무엇이 문제일까요? 자녀의 뜻을 이해하지 못하고, 그들의 세계에 발을 디딘 적이 없어서일까요? 아니면 엄마들 자신이 자녀의 마음을 읽는 데에 소홀한 부분이 있어서일까요? 자, 이제 자녀의 눈빛과 표정, 말투 속에 담긴 소중한 단서들을 잡아내어, 그들의 마음을 더 깊이 이해하는 방법을 제안합니다.

자녀의 내면세계를 이해하고 파악하는 것은 부모로서 매우 어려운 일입니다. 특히, 자녀가 성장하면서 발전하는 정서적, 사회적, 인지적인 측면들은 복합적으로 얽혀 있어 그 속에서 자녀의 생각과 감정을 정확하게 파악하기는 쉽지 않습니다. 엄마들은 이러한 어려움에서 비롯되는 다양한 고민을 하고 있습니다. 자녀의 언어 능력이 아직 완전히 발달하지 않은 어린 시기에는 자녀가 자신의 생각을 정확하게 표현하기 어렵습니다. 특히 유아기에는 단어 부족, 어휘력 부족 등이 그 예입니다. 엄마들은 자녀가 무슨 생각을 했는지를 파악하기 위해선 대화와 관찰을 통한 소통이 중요하다고 느낍니다. 아이들은 감정을 표현하는 데에 있어서 언어보다는 행동이나 신체적인 반응을 더 많이 사용합니다. 하지만 자녀의 감정을 정확하게 해석하기 위해서는 부모가 그 표현을 잘 읽어 내야 합니다.

엄마들은 종종 자녀의 감정을 알아내기 위해서 세심한 관찰과 대화를 통해 상황을 이해하는 것이 필요하다고 생각하고 있습니다. 성장 과정에서 자녀는 점차 독립성을 갖추며 자신만의 생각을 형성하게 됩니다. 그에 따라 부모는 자녀가 어떤 생각을 했는지 정확히 알기가 어려워집니다. 특히 청소년기에는 또래집단과 학교생활의 사회적 영향을 많이 받아 부모와의 소통이 더 어려워지는 경향이 있습니다. 디지털 시대의 도래로 소셜 미디어, 온라인 플랫폼이 증가하면서 자녀들은 부모와의 소통보다는 또래들과의 온라인 소통을 선호하는 경향이 있습니다. 이러한 차이로 인해 엄마들은 자녀가 무슨 생각을 하고 있는지를 정확히 파악하기가 더 어려워지고 있습니다. 자녀의 발달 단계에 따라 생각이나 감정도 크게 달라집니다. 어린 자녀는 즉각적이고 명시적인 표현을 통해 감정을 나타내지만, 청소년이 되면서는 내적인 고민이나 복잡한 감정을 표현하기 어려워집니다. 엄마들은 자녀의 나이와 발달 수준을 고려하여 그들의 생각을 예측하기 어렵다는 점을 이해하고 있습니다. 이러한 다양한 어려움과 복잡성 속에서 엄마들은 자녀의 생각을 이해하고 더 나은 소통을 위해 노력하고 있습니다. 소통과 이해의 과정에서 부모는 자녀의 성장과 발달에 대한 이해를 깊이감 있게 키우고, 서로에게 더 가까워질 수 있을 것입니다.

내 아이를 글로벌 리더로 키우는 엄마표 학습코칭

내 아이는 어떤 것을 좋아하고, 어떤 것에 소질이 있을까?

공부 잘하는 아이로 키우기 위해서 가정에서 엄마들이 학습코칭을 하는 근본적인 이유는 진로를 선택하기 위함일 것입니다. 여기에서 우리는 '좋은 진로'에 대해서 생각해 볼 필요가 있습니다. 과연 자녀에게 '좋은 진로란?' 어떤 진로일까요?

자녀가 좋아하는 것과 잘하는 것을 선택하는 것이 자녀에게 좋은 진로일 것입니다. 어떤 분야에 자녀들이 특별한 소질을 가지고 있을지, 그들의 잠재된 가능성을 어떻게 찾아낼지에 대한 고민은 끊이지 않습니다. 여러분은 아마도 자녀들의 눈빛 속에 그 답을 찾고 싶어 할 것입니다. 자녀들의 호기심, 즐거움, 그리고 특유의 감성을 통해 자신만의 세계를 발견하는 과정에서 엄마들은 더 깊은 이해와 공감을 얻게 될 것입니다. 엄마들이 자녀가 무엇을 좋아하고 잘할 수 있는지에 대한 고민은 부모로서의 책임감과 자녀의 발전에 대한 관심에서 비롯됩니다. 자녀의 흥미와 잠재 능력을 발견하고 존중하는 것은 자녀의 성장과 학습에 긍정적인 영향을 미칩니다. 먼저, 엄마들은 자녀의 관심을 파악하기 위해 꾸준한 관찰과 소통을 중요시해야 합니다. 자녀가 어떤 활동에 특별한 흥미를 보이는지, 어떤 주제에 대해 이야기하는 것을 좋아하는지 등을 지속적으로 관찰하여 눈에 띄는 특징을 찾아내야 합니다. 이를 통해 부모는 자녀가 좋아하는 분야를 미리 예측할 수 있습니다. 또한, 엄마들은 다양한 경험을 제공하여 자녀가 다양한 분야에 대한 흥미를 계발하도록 돕습니다. 피아노, 바이올린 등과 같은 음악, 미술, 태권도나 구기운동 등 스포츠와 같은 다양한 활동을 시도해 보게 하여 자녀가 자연스럽게 자신의 취향을 찾을 수 있도록 지원하며, 이를 통해 자녀는 더 많은 옵션을 경험하고 자신에게 맞는 분야를 발견할 수 있습니다. 엄마들은 자녀의 강점과 장점을 찾아내어 그를 향한 긍정적인 지원을 제공합니다. 언어, 수리, 미술, 인간관계 등 다양한 영역에서 자녀가 빛나는 순간을 찾아내어 그에게 자부심을 느끼게 하고, 자신의 장점을 더욱 키울 수 있도록 도와줍니다. 이는 자녀의 잠재능력 개발과 자신감 향상에 도움이 됩니다. 자녀가 특정 분야에서 높은 잠재력을 가지고 있다면, 그 분야에 대한 교육과 특별한 활동을 통해 그를 지원하고 발전시킵니다. 이는 자녀의 전문성과 자기 만족감을 향상시키며, 자녀가 그 분야에서 잘할 수 있는 자신감을 기르도록 도와줍니다.

엄마는 또한 자녀에게 자신의 흥미와 감정을 자유롭게 표현하도록 장려하고, 그 속에 숨겨진 소망이나 꿈에 대한 이야기를 나누는 공간을 마련합니다. 이러한 노력과 과정들을 통해 엄마는 더 많은 통찰력을 얻게되고, 비로소 내 자녀가 무엇을 좋아하고, 어떤 것에 소질이 있는지 알게될 것입니다.

엄마의 노력으로 아이의 선천적 한계를 극복할 수 있을까요?

우리 부모들은 자신의 학창 시절을 누구보다도 잘 알고 있습니다. 학창 시절에 공부에 흥미가 있었고 성적이 좋았던 부모는 자신의 유전자를 이어받아 공부를 잘할 것이라는 기대를 하게 되지만, 그렇지 못한 부모들은 '내 아이가 나를 닮아서 공부에 흥미가 없고 공부를 못하지는 않을까?' 걱정하게 됩니다.

아마도 우리네 부모들도 어려서부터 환경적으로 공부를 가까이하고 부모님의 학습에 대한 정성을 받았다면 공부에 흥미를 갖고 성적도 좋았을 것입니다.

많은 엄마들이 부딪히는 고민 중 하나는 자녀의 선천적 소질에 대한 우려입니다. 선천적 소질을 뛰어넘는 데에는 상상을 초월하는 힘이 있다는 것을 여러분에게 알려 주고 싶습니다. 엄마는 자녀에게 깃든 불안과 함께, 자녀에게 미래를 열어 줄 열쇠도 손에 쥐고 있습니다.

엄마들이 자녀가 후천적으로 공부를 잘할 수 있는지에 대한 고민은 부모의 염려와 자녀의 미래에 대한 걱정에서 비롯됩니다. 후천적인 요인은 선천적인 능력과 함께 중요한 역할을 하며, 부모의 노력과 환경적인 영향을 통해 자녀의 학습 능력을 개발하는 데에 기여할 수 있습니다. 환경적인 요인은 자녀의 학습에 큰 영향을 미칩니다. 엄마들은 자녀가 자랄 환경을 풍부하게 제공하여 지적 호기심을 자극하고 학습 동기를 높이려 노력합니다. 가정에서 책을 많이 읽고, 학습에 도움이 되는 장소나 도구를 활용하는 등 학습을 촉진할 수 있는 환경을 조성합니다. 또한, 학업에 대한 긍정적인 분위기를 조성하고 성취를 축하함으로써 자녀에게 학습에 대한 긍정적인 태도를 심어 줍니다. 부모의 노력과 관심은 후천적인 학습 능력에 큰 영향을 미칩니다. 엄마들은 자녀와의 소통을 강화하고, 학업에 대한 지원을 제공함으로써 자녀에게 학습의 중요성을 전달하고자 합니다. 일상적인 대화를 통해 자녀의 학습 동기를 높이고, 궁금증을 자극하여 자발적인 학습에 기여하려고 노력합니다. 또한, 부모가 자녀의 학습 활동에 참여하면서 긍정적인 학습 모델을 제공하여 후천적인 학습 동기를 증진시킵니다. 자녀의 능력과 관심을 발견하고 존중하는 것이 중요합니다. 엄마들은 자녀의 특기와 강점을 찾아내어 이를 존중하고 개발할 수 있는 기회를 제공합니다. 학문 분야뿐만 아니라 다양한 분야에서 자녀가 빛나는 순간을 찾아내어 자아실현의 기회를 부여하고, 이를 통해 자녀가 자신의 능력에 자신감을 가지게 도와줍니다. 학습 습관의 형성은 후천적인 공부 능력을 결정짓는 중요한 요소 중 하나입니다. 엄마들은 자녀가 일정한 학습 스케줄을 만들어 주어 자녀가 자발적으로 학습에 참여하도록 유도합니다. 또한, 목표 설정과 자기주도적인 학습을 촉진하여 자녀가 스스로 학습 목표를 세우고 이루어 나가도록 지원을 아끼지 않을 때 모든 아이들은 후천적으로 충분히 선천적 한계를 극복할 수 있게 될 것입니다.

　　　　　　　　　　내 아이를 글로벌 리더로 키우는 엄마표 학습코칭

엄마의 관심과 개입은 어디까지가 적절할까요?

모든 엄마는 자녀의 미래를 바라보며 마음이 미끄러져 가는 듯한 순간을 겪습니다. "자녀에게 얼마나 개입해야 할까?"라는 고민이 우리를 괴롭힙니다. 우리는 자녀의 미래를 위해 끊임없이 노력하고 있습니다. 그리고 학습코칭은 그중 하나의 필수 도구로 자리 잡고 있습니다. 그러나 이 과정에서 어디까지 엄마가 개입해야 하는지, 아이들의 자율성을 어디까지 존중해야 하는지에 대한 고민은 엄마들의 고민거리입니다. 엄마는 자녀의 성장을 위해 어디까지나 함께 걸어갈 수 있을까? 그 도전은 때로는 눈물로, 때로는 미소로 가득 차 있습니다.

자녀들은 각자의 속도와 방식으로 성장합니다. 학습코칭은 그 다양성을 존중하면서도, 엄마의 사랑은 여전히 그들을 안아 주는 따뜻한 공간이 되어야 합니다. 함께 걸어가며, 엄마들의 사랑이 자녀들을 얼마나 강하게 세워 주고 키워 낼 수 있는지를 깨닫게 될 것입니다. 자녀의 성장 과정에서 어느 시기에 엄마의 손을 놓아야 하는지에 대한 결정은 자녀를 이끄는 마음과 지혜 속에서 찾을 수 있을 것입니다. 엄마들이 자녀에게 어디까지 개입해야 하는지에 대한 고민은 부모의 역할과 책임, 그리고 자녀의 독립과 자율성을 균형 있게 고려하는 것이 필요한 복잡한 문제입니다.

어디까지 개입해야 하는지를 판단하기 위해서는 자녀의 연령, 성격, 개인적인 성장 단계, 가족의 가치관 등을 종합적으로 고려해야 합니다. 유아기와 초등학생 단계에서는 부모의 지도와 개입이 더 필요합니다. 이 시기의 자녀는 독립적인 판단 능력이 부족하고, 각종 지식과 기술을 습득하는 중요한 시기입니다. 엄마들은 공부 방법, 기본적인 생활 습관, 사회적 규칙 등을 가르치고 지도하여 자녀가 지혜롭고 건강하게 자랄 수 있도록 도와줍니다. 중·고등학생 시기에는 자녀의 독립과 자기결정 능력을 존중하면서도 지속적인 지도가 필요합니다. 이 시기의 자녀는 자아 정체성을 찾고 독립을 원하면서도 여러 어려움에 부딪히게 됩니다.

엄마들은 자녀와 소통하면서 그들의 의견을 듣고 존중하면서도, 필요한 경우에는 지도와 조언을 통해 안정적인 성장을 돕습니다. 대학 진학과 직업 선택 등에서는 자녀의 의사를 최우선으로 존중하되, 엄마들은 경험이 풍부한 성인으로서 조언을 제공할 수 있습니다. 부모의 경험과 통찰력은 자녀가 어려운 문제에 합리적인 결정을 내리는 데 도움을 줄 수 있습니다. 이러한 결정은 최종적으로 자녀 스스로가 내리도록 장려하며, 그들이 선택한 길에 대한 책임을 지도록 돕습니다. 자녀의 사회적 활동과 인간관계에 대해서도 엄마들은 지켜보고 지도할 필요가 있습니다. 특히 디지털 시대에는 온라인 활동에 대한 감독과 가이드가 필요하며, 사회적인 규칙과 예절에 대한 교육이 중요합니다. 자녀가 건강한 인간관계를 형성하고 사회적 책임을 다하도록 돕습니다.

이처럼 엄마의 관심과 개입은 지속적으로 되어야 합니다. 하지만, 중요한 것은 자녀를 소중한 인격체로서 존중하고 배려하는 전제하에 관심과 개입을 하는 것이 중요합니다.

학습에 대한 지식이 부족한 엄마의 고민

지식이 뛰어난 엄마와 지혜로운 엄마 중에 자녀에게 정말 도움이 되는 엄마는 누구일까요?

모성애의 따스함이 자녀를 감싸는 순간, 어머니의 마음은 끝없는 지혜로 가득 차 있습니다. 자녀에게 지혜로운 엄마가 되는 것은 학문적인 지식보다는 삶의 경험과 깊은 통찰력에서 나옵니다. 지식이 뛰어나다고 해서 모든 문제에 답할 수 있는 것은 아니지만, 지혜는 삶의 많은 부분에서 현명한 조언과 안내를 제공할 수 있습니다.

우리는 흔히 '지식이 뛰어나다'고 하면 책에서 얻은 학문적 지식을 의미하기 쉽습니다. 그러나 '지혜로운 엄마'는 학문적인 것뿐만 아니라, 삶의 깊은 곳에서 나오는 지혜를 지닌 엄마를 의미합니다. 책을 읽고, 강의를 듣고, 시험을 치르는 것도 중요하지만, 그보다 엄마를 통해서 기쁨과 고난, 사랑과 이별, 성공과 실패를 통해 얻는 지혜가 더욱 중요합니다.

그러나 학습이라는 영역에서는 아이들의 공부 내용이 복잡하고 난해해서 엄마도 고민에 빠지곤 합니다. 공부 잘하는 아이로 키우기는 가족 모두의 공통 목표 중 하나일 것입니다. 그러나 현실은 때론 어렵고 힘들게 다가오곤 합니다. 아이의 수업 내용이 어느 순간부터 이해하기 어려워지고, 엄마는 손을 놓기 어려운 갈등에 직면하게 됩니다. 아이의 수학 문제나 과학 이론, 그 어려운 내용을 해결하는 데에는 지식뿐만 아니라 유연한 사고와 창의적인 해결책이 필요합니다.

아이와 함께하는 공부는 지식의 전달뿐만 아니라, 엄마의 지혜가 함께 어우러져야 합니다. 엄마가 자녀의 학습에 대해 충분한 이해가 없을 때도 효과적인 학습코칭을 적용할 수 있도록 몇 가지 전략을 고려할 수 있습니다. 이러한 전략을 통해 엄마는 자녀의 학습 환경을 조성하고 학습 동기를 유발하는 데 도움을 줄 수 있습니다. 엄마는 자녀의 관심과 성향을 파악하는 데 주력해야 합니다. 어떤 주제나 활동이 자녀의 흥미를 끌 수 있는지를 찾아내어 그에 맞는 학습 콘텐츠나 방법을 제공하는 것이 중요합니다. 예를 들어, 만화책을 통한 학습, 게임을 활용한 교육적인 활동 등을 도입하여 자녀의 학습 동기를 높일 수 있습니다. 엄마는 자녀와의 소통을 강화하여 학습에 대한 관심을 공유하고 자녀의 의견을 들어야 합니다. 자녀에게 '무슨 공부를 하고 싶은지', '도움이 필요한 부분이 있는지'와 같은 질문을 통해 자녀의 의견을 듣고 함께 학습 목표를 세우는 것이 중요합니다. 이를 통해 자녀는 학습에 대한 책임감을 느끼며 자기주도적인 학습 습관을 형성할 수 있습니다. 엄마는 학습 리소스를 활용하여 자녀에게 다양한 학습 경험을 제공할 수 있습니다. 온라인 학습 플랫폼, 교육 앱, 유익한 동영상 등을 활용하여 자녀가 흥미를 느낄 수 있는 다양한 주제의 학습 자료를 제공할 수 있습니다. 엄마 스스로 모르는 부분에 대해서도 함께 찾아보고 학습하는 과정을 통해 자녀에게 학습의 재미를 전달할 수 있습니다.

엄마는 자녀의 학습에 대한 프로세스를 이해하는 것이 어렵더라도, 함께 학습하는 과정을 즐겁게 만들어 나가는 것이 중요합니다. 자녀와 함께 실험하고 새로운 것을 배우며 즐거운 경험을 만들면서, 엄마 자신도 지속적으로 학습하는 자세를 유지하는 것이 중요합니다. 이를 통해 엄마와 자녀는 함께 성장하며 긍정적이고 지속적인 학습 환경을 형성할 수 있을 것입니다.

많은 역할을 해야 하는 원더우먼 엄마들의 고민

여러분은 '원더우먼' 하면 어떤 이미지가 연상되시나요?

남성보다 강인한 여전사 같은 이미지가 떠오를 겁니다. 하지만 저는 '엄마'의 모습이 가장 먼저 떠오릅니다. 남편, 시댁, 자녀, 친정, 직장 등 모든 역할을 훌륭하게 소화하려고 애쓰는 이 세상의 엄마들은 모두 원더우먼인 것 같습니다. 이처럼 끊임없는 책임과 희생 속에서, 우리는 엄마들이 얼마나 강하고 튼튼한 존재인지를 느끼지만 엄마들은 일상에서 무한한 역할들을 맡아 내며, 그 속에서 자신의 꿈과 가치를 잃어 가기도 하고 자신에 대한 압박과 부담을 갖기도 합니다.

원더우먼이 되어야 하는 엄마가 자녀를 공부 면에서 성공적으로 키우기 위해서는 여러 가지 어려움과 고민이 동시에 존재할 수 있습니다. 어떻게 하면 자녀가 더 효과적으로 공부할 수 있을지, 어떤 학습 방법이 적합한지 등을 고민하게 됩니다. 이때에는 엄마가 자녀의 관심과 특성을 잘 파악하고, 그에 맞는 맞춤형 학습 방법을 제공하는 것이 중요합니다. 그 중에서도 학습코칭을 통해 자녀를 공부 잘하는 아이로 성장시키려는 여정은 마치 새로운 전쟁 같은 도전이 되고 있지만 학습코칭은 엄마들이 가진 한계를 뛰어넘는 데에도 도움을 줄 수 있습니다. 하지만 이는 시간과 노력이 필요한 작업으로 엄마는 가정과 일의 양립, 자녀의 교육에 대한 책임, 그리고 자아실현과의 균형을 맞추는 등 다양한 역할을 수행해야 하며 동시에 가정의 책임과 직장에서의 업무로 인해 시간과 에너지 부족으로 인한 과도한 부담과 스트레스가 발생할 수 있습니다. 학습코칭을 통해 자녀의 학업 성취를 돕기 위해서는 충분한 시간과 에너지가 필요하며 자기 자신에 대한 적절한 시간 관리와 휴식을 취하는 방법을 찾아야 합니다. 그러기 위해선 엄마는 자녀의 개인성과 발전을 중시하며 완벽주의적인 기대를 피하면서, 자녀에게 실패와 성공을 통해 배우는 경험을 제공해야 합니다. 엄마는 자신의 자아실현에 대한 욕구와의 균형을 유지하고 지속적인 자기관리와 목표 설정이 필요하며, 이러한 과정은 자녀와의 소통과 상호 이해가 이를 돕는 중요한 역할을 하게 될 것입니다.

집 밖에서 어떤 친구들과 어떻게
시간을 보내는지 궁금해요

　우리 엄마들은 언제나 자녀들의 미래와 행복을 위해 노력합니다. 그중에서도, 집 밖에서의 교우 관계는 어떤 모습으로 펼쳐져야 하는지에 대한 엄마들의 마음은 깊고 따뜻하게 울려 퍼집니다. 아이들은 집에서는 특별한 모습을 보이기 마련입니다. 그들은 엄마의 안전한 품에서 자신이 가진 모든 것을 드러내기도 하고, 자연스럽게 엄마의 지도와 도움을 받아 성장하고 있습니다. 그러나 밖으로 나갈 때, 그들이 어떤 교우 관계를 맺고 있는지는 엄마들에게는 미지수입니다.

　엄마들은 항상 자녀들이 좋은 교우들과 어울리며 건강하게 성장하기를 바라고 있습니다. 그러나 집 밖에서의 모습이 어떤지에 대한 불안과 고민은 끊이지 않습니다. 집 밖에서의 교우 관계는 아이들이 성장하는 과정에서 중요한 영향을 끼칩니다. 엄마들은 어떻게 하면 자녀들이 건강하고 긍정적인 교류를 할 수 있을지에 대한 고민을 안고 있습니다.

　집 밖에서의 자녀의 교우 관계에 대한 고민은 엄마로서 자녀의 사회적 발달과 안녕한 성장을 책임지고자 하는 당위성과 함께 다양한 도전과 고려 사항을 동반하고 있습니다. 엄마는 자녀가 형성하는 교우 관계가 성장과 발달에 큰 영향을 미친다는 사실을 이해하고 있습니다. 학교나 사회활

　내 아이를 글로벌 리더로 키우는 엄마표 학습코칭

동에서의 교우들은 자녀가 타인과 어떻게 소통하며 협력하는지, 갈등을 어떻게 처리하는지를 배우는 중요한 경험의 장입니다.

이러한 교우 관계를 통해 자녀는 자신의 감정을 이해하고 표현하는 데 필요한 소양을 키우게 됩니다. 자녀의 교우 관계가 자아개념 형성과 자기 존중감에 영향을 미치게 됩니다. 좋은 교우 관계를 형성하면 자녀는 친구들을 통해 자신을 발견하고 인정받을 수 있습니다. 반면 부정적인 교우 관계는 자아에 부정적인 영향을 미치고, 자녀가 자기를 발전시키고 성장하는 데 제약을 줄 수 있습니다.

엄마는 자녀의 교우 관계가 학업에도 영향을 미친다는 사실을 고려하고 있습니다. 친구들과의 상호작용은 자녀가 학교에서 적응하고 학습하는 데 도움을 줄 수 있습니다. 유익하고 건강한 교우들과의 관계는 자녀의 학습 환경을 긍정적으로 바꾸어 주며, 그들과 함께하는 활동을 통해 새로운 지식과 경험을 얻게 됩니다. 자녀의 교우관계에 대한 걱정이 자녀의 안전과 적절한 가치관 형성에 연결될 수 있다는 것을 이해하고 있습니다. 부적절한 교우들과의 관계는 자녀에게 부정적인 행동이나 가치관의 혼란을 가져올 수 있습니다.

엄마는 자녀가 건전하고 긍정적인 교우들과 어울리며 안전하게 성장할 수 있도록 지도하고 지원해야 합니다. 다양한 고민 속에서 엄마는 이러한 측면들을 종합적으로 고려하며 자녀의 교우 관계에 적절한 개입과 지도를 제공해야 합니다. 자녀와 소통하면서 친구들과의 교류를 지원하고, 필요한 경우에는 부정적인 영향을 미치는 교우들과의 관계에 대한 지도를 제공하는 것이 중요합니다. 엄마의 품 안에서 안전하게 자랄 수 있는 교우들과의 관계를 유도하며, 자녀의 성장과 발달에 적극적으로 기여할 수 있도록 노력하는 것이 필요합니다.

엄마의 품에서 언제, 어떻게 자녀를 독립을 시켜야 하나요?

'빈 둥지 증후군'의 의미는 중년의 주부가 자기 정체성 상실을 느끼는 심리적 현상을 나타내는 말입니다. 즉, 자녀들이 독립하는 시기에 엄마가 느끼는 슬픔을 의미합니다. 모든 엄마는 자녀를 품에 품고 기르며, 마치 나무가 뿌리 속에서 자라나듯이, 엄마의 품은 어린 생명에게 가장 안전하고 따뜻한 공간이었습니다.

그러나 자녀를 한 번쯤 떠나보내야 하는 시점이 찾아옵니다. 태아부터 10개월 동안 함께했던 순간들은 더할 나위 없이 소중하고 아름다웠습니다. 그 작은 몸집에서 느껴졌던 따뜻함과 호흡 소리, 마음속 깊이 새겨진 순간들은 엄마에게는 영원한 기억으로 남았을 것입니다.

젊은 엄마들에게 더 많이 다가오는 빈 둥지 증후군은 어떤 모습일까요? 그것은 떠나는 자녀들의 방에서 흐르는 새삼스러운 고요함일지도 모릅니다. 자녀의 침대 옆에서 아침을 기다리는 습관은 더 이상 의미를 갖지 않게 되고, 방 안에서 들려오던 해맑은 웃음소리는 멀어져 가기 시작합니다. 그리고 우리는 더 이상 책상 위에 펼쳐지는 과제나 프로젝트에 대해 함께 생각하고, 대화하는 것이 불가능해진다는 사실을 깨닫게 됩니다.

빈 둥지 증후군은 슬픔과 함께, 마치 우리의 삶에서 하나의 장을 닫고

내 아이를 글로벌 리더로 키우는 엄마표 학습코칭

다른 장을 열어야 하는 듯한 불안함도 불러일으킵니다. 우리는 이제 더이상 '엄마'라는 신분에 얽매이지 않아도 된다는 것을 알면서도, 그렇다고 해서 그 신분을 완전히 떨어뜨릴 수는 없는 것 같습니다. 무엇보다도 자녀의 독립은 우리 자신의 삶을 다시 찾아가야 하는 새로운 여정의 시작이기 때문입니다.

젊은 엄마들이 빈 둥지 증후군을 느낄 때, 그 감정의 복잡성은 더욱 두드러집니다. 우리는 존경받을 만한 직업인, 사회적 역할을 갖고 있으면서도 동시에 가정의 안정을 책임지고 있는데, 이런 이중적인 존재는 때로 어려운 갈등을 야기합니다. '나는 누구고, 어떤 삶을 살고 싶은 걸까?'라는 의문은 젊은 엄마들의 마음을 더욱 힘들게 만들 수 있는 순간이기도 합니다.

하지만 빈 둥지 증후군은 끝이 아닙니다. 오히려 그 순간은 새로운 시작의 시점이라고 할 수 있습니다. 우리는 자녀의 독립을 통해 새로운 삶의 장을 열어 가게 되고, 그 속에서 우리 자신을 다시 발견할 수 있습니다. 아이를 품었던 날개와 빈 둥지는 슬픔의 기억일 수 있지만, 그 날개는 또한 우리 자신의 자유로운 비행을 향한 기회일 것입니다. 그러나 언젠가는 이 작은 존재가 품을 떠나, 세상의 다양한 경험을 마주할 시점이 찾아옵니다. 자녀를 세상 밖으로 떠나보내는 것은 엄마에게는 쉽지 않은 일입니다. 품속에서 자란 작은 생명이 이제는 독립을 향해 첫걸음을 내디딘다는 사실은 마치 마음을 분리하는 허전하고 아픈 결정입니다.

그러나 자녀를 품에서 떠나보내는 과정은 엄마와 자녀 양쪽에게 새로운 성장과 배움의 순간이 될 것입니다. 엄마들이 자녀를 품에서 떠나보내는 결정은 어려운 과정이며, 이는 엄마의 역할 중 하나인 자녀 독립과 성장을 지원하는 중요한 부분입니다. 이러한 결정을 하는 데에는 다양한 측면이 고려되어야 합니다. 자녀의 독립과 성장은 정서적, 사회적, 심리적 측면에서 중요합니다. 엄마는 자녀가 스스로 문제를 해결하고 도전에 맞서 성취감을 느낄 수 있도록 도와주는 역할을 합니다. 품에서 떠나는 것은 자녀가 자기 자신을 찾고, 독립적으로 삶을 책임지며 자신의 길을 찾아가는 과정을 의미합니다. 자녀를 품에서 떠나보내는 것은 엄마와 자녀 사이의 관계를 새롭게 재정립하는 과정이기도 합니다. 자녀를 품에서 떠나보내는 결정은 타이밍과 방법이 중요합니다. 자녀의 성숙도, 미래 계획, 감정적 안정성 등을 고려하여 적절한 시기를 선택하는 것이 필요합니다. 자녀를 품에서 떠나보내는 것은 어려운 결정이지만, 자녀의 미래를 위해 필수적인 단계로서 지혜롭게 선택되어야 합니다.

내 아이를 글로벌 리더로 키우는 엄마표 학습코칭

가정에서 자녀를 위한
엄마 코치의 역할

성찰하기

내 자녀를 미래의 주인공으로 만들기 위해서 가정에서
무엇을 해야 하는지 알아차리기

자녀의 정서와 성격에 맞는
엄마의 성공적인 환경디자인

아이가 태어나서 성장하는 데 가장 큰 영향을 받는 곳은 바로 가정입니다. 어떤 환경에서 자라느냐에 따라서 정서적인 부분과 성격적인 부분이 결정된다고 해도 과언이 아닙니다.

가정에서의 학습코칭은 단순히 공부를 가르치는 것을 넘어, 자녀의 마음과 성격을 이해하고 그에 맞는 환경을 조성하는 것에서 시작됩니다. 우리 각자의 아이들은 고유한 성격과 잠재력을 가지고 있습니다. 이들의 내적 세계를 이해하고 존중하는 것이, 학습에 있어서 성공의 열쇠가 됩니다. 엄마들은 더 이상 자녀들을 강요하거나 특정한 틀에 맞추려 애쓰지 않아도 된다는 것을 깨닫게 될 것입니다. 대신, 자녀의 성장에 맞춰 변화하는 가정환경이 어떤 기적을 이루어 낼 수 있는지를 알게 될 것입니다. 환경을 조성하는 것은 어머니가 자녀를 더 깊이 이해하고, 그들의 강점과 약점을 향한 인내와 이해의 연장선상에 있다는 것입니다.

가정에서 자녀를 학습의 세계로 안내하고 지원하기 위해서는 엄마가 자녀의 성격과 학습 스타일을 깊이 이해하고, 그에 맞는 환경을 조성하는 것이 중요합니다. 먼저, 자녀의 성격을 이해하는 것이 시작입니다. 각자 다른 성격을 가진 자녀들은 서로 다른 동기부여와 학습 방식을 가지고 있

내 아이를 글로벌 리더로 키우는 엄마표 학습코칭

습니다. 어떤 아이는 외향적이고 활동적인 성격으로 새로운 경험을 통해서 배우는 것을 선호하기도 하고, 또 다른 아이는 내성적이고 조용한 환경에서 공부하는 것을 좋아할 수 있습니다. 엄마는 자녀의 성격을 주시하고 이를 수용하는 방향으로 환경을 조성해야 합니다. 그리고 자녀의 학습 스타일을 파악하는 것이 필요합니다.

사람마다 오감의 능력 즉, 표상 체계의 발달은 조금씩 차이가 있습니다. 어떤 아이는 시각적 표상 체계가 발달하여 시각적으로 정보를 이해하는 데 능숙하고, 다른 아이는 청각적 표상 체계가 발달되어 청각적인 방식으로 더 잘 이해할 수 있습니다. 또 어떤 아이는 감각적 표상 체계가 발달되어 감정적인 방식으로 더 잘 이해할 수 있습니다. 학습 스타일에 따라 엄마는 다양한 학습 자료와 도구를 활용하여 자녀가 정보를 효과적으로 이해하고 기억할 수 있는 방법을 찾아야 합니다. 이러한 이해를 기반으로 엄마는 가정에서 학습코칭을 효과적으로 적용할 수 있습니다. 예를 들어, 활동적이고 외향적인 성격의 자녀를 위해서는 학습 환경에 다양한 활동을 도입하여 흥미를 유발할 수 있습니다. 게임이나 실험 활동을 통해 학습을 즐겁게 만들어 주면서 동시에 지식을 습득하도록 유도할 수 있습니다. 반면 조용하고 내성적인 성격의 자녀를 위해서는 고요하고 집중하기 좋은 공간을 마련하여 책이나 문제를 해결할 수 있는 자료를 제공함으로써 안정된 학습 환경을 조성할 수 있습니다.

학습코칭은 또한 자녀의 학습 스타일에 따라 다양한 학습 방법을 제안하고, 문제에 대한 해결 능력을 키우도록 도와줍니다. 엄마는 자녀와 소통하며 자녀가 어떤 학습 방식을 선호하는지를 지속적으로 파악하고, 그에 맞는 학습 자료나 활동을 조절해 나가야 합니다. 가정에서 엄마가 학습코칭을 통해 자녀의 성격과 학습 스타일에 맞는 환경을 조성하면, 자녀는 자신에게 맞는 학습 방식을 찾아가며 자신감을 키우게 될 것입니다. 엄마의 관심과 지원이 바로 자녀의 학습 여정을 더욱 풍요롭게 만들어 나갈 것입니다. 이는 결국 자녀가 미래에 더욱 성취적이고 창의적으로 성장할 수 있는 기반이 될 것입니다.

자녀와 함께 놀이처럼 즐겁게 공부하기

우리 자녀가 놀이처럼 공부를 재미있게 하면 얼마나 좋겠어요?

자녀가 놀이를 통해 공부를 즐길 수 있도록 하는 것은 어머니에게 주어진 큰 사명입니다. 엄마는 어떻게 하면 자녀에게 지루하지 않고 흥미로운 공부를 제공할 수 있을지에 대한 아이디어를 찾고 있습니다. 놀이는 어린이의 마음을 자유롭게 펼치게 해 주는 특별한 공간입니다. 그리고 엄마는 그 공간을 활용하여 자녀의 공부에 창의성을 불어넣을 수 있습니다. 어머니의 관심과 창의적인 접근은 자녀들에게 학습이 놀이처럼 즐거운 경험이 될 수 있도록 도와줍니다. 엄마들은 놀이와 공부의 경계를 넘어서, 자녀들이 흥미롭게 배울 수 있는 세계를 함께 창조할 것입니다. 가정에서 엄마가 학습코칭을 통해 자녀가 공부에 흥미를 갖게 되는 이유는 다양합니다. 먼저, 선생님으로부터 칭찬받는 경험은 자녀의 자신감 향상과 긍정적인 학습태도 형성에 중요한 역할을 합니다. 엄마가 이를 적극적으로 지원하면 자녀는 학업에서 성취를 느끼며 더 나아가 자발적으로 학습에 참여하게 됩니다. 가정에서의 학습코칭은 선행학습을 강조함으로써 자녀가 수업에서 배우는 내용을 더 깊이 이해하고 흡수할 수 있는 기회를 제공하게 됩니다. 엄마와 함께 공부하면서 자녀는 새로운 개념을 습득하고 문제를 해결하는 데 필요한 기본기를 강화할 수 있어 학습의 기반이 튼튼해집니다.

학교 현장에서 많은 친구들 앞에서 선생님으로부터 칭찬을 받게 되면 공부에 대한 재미가 저절로 생기게 될 것입니다. 그러기 위해서는 다음 날 배우게 되는 과목에 대한 선행학습이 무엇보다 중요합니다. 선생님이 설명하는 내용을 알아들을 수 있어서 집중력이 높아지며 질문을 할 수 있는 힘이 생기고, 선생님의 질문에 대한 대답을 할 수 있는 지식도 자신도 모르게 함양하게 됩니다.

그러나 이러한 결과는 쉽게 얻어지지 않습니다. 꾸준히 지속적으로 했을 때 수업 시간에 놀라운 기적이 생기게 됩니다. 엄마의 역할을 이러한 과정을 함께하면서 수업 진행의 흐름을 계속해서 모니터링을 해야 합니다. 다음 날 학교 시간표를 확인하고 각 과목별 수업 내용을 미리 확인하여 선행학습을 함께 진행해야 합니다. 그리고 자녀가 집에 돌아오게 되면 자연스럽게 학교에서 어떤 일이 있었는지 질문을 통해서 자녀의 학교생활을 함께 공유해야 합니다.

이는 자녀가 수업에서 좀 더 나은 성과를 거둘 수 있게 도와주게 됩니다. 또한, 엄마와의 학습 과정에서 양방향 소통이 활발히 이루어짐으로써 자녀는 자신의 의견을 표현하고 질문하는 습관을 기를 수 있습니다. 이는 자녀의 사고력과 논리적 사고를 촉진하며, 학습에 대한 호기심을 유발합니다. 엄마가 자녀의 궁금증에 성실히 답하고 공부에 대한 긍정적인 피드백을 제공하면 자녀는 학습에 대한 긍정적인 자세를 가지게 됩니다.

뿐만 아니라, 엄마와 함께하는 학습은 가정환경을 학습 지원 체계로 만들어 자녀에게 학습 습관을 심어 주며, 일관된 학습 시간과 계획을 만들어 두면 자녀는 학습에 대한 책임감을 느끼고 일정을 지키며 공부하는 습관을 길러 나가게 됩니다. 이는 학업 성취뿐만 아니라 일상생활에서의 조직력과 책임감을 함양하는 데 도움이 됩니다. 엄마와의 학습코칭은 가정에서 자녀에게 긍정적인 학습 경험을 제공함으로써 학습에 대한 흥미와 즐거움을 불러일으키게 되고 이는 자녀가 장기적으로 학습에 대한 호기심을 유지하고 계속해서 성장해 나갈 수 있도록 지원해 줍니다. 따라서, 엄마의 학습코칭은 자녀의 학습 경로를 밝고 건강하게 이끌어 가는 중요한 역할을 합니다.

자녀 스스로 자기주도학습 능력 강화하기

가정에서의 학습코칭의 목표는 아이들이 스스로 공부에 참여하고, 능동적으로 학습하는 능력을 키우는 것입니다. 엄마가 잔소리를 하거나 신경 쓰지 않아도 아이 스스로 주도적으로 공부를 한다면 그 자체로 무궁무진한 선물입니다. 그것은 단순히 과목 지식을 터득하는 것을 넘어, 문제를 해결하고 창의적으로 생각하며, 지속적으로 자기계발하는 데 필요한 기술과 자질을 의미합니다.

아이 스스로 하는 주도적 학습 능력은 단순히 성적 우수성을 넘어서 미래에 적응하고 성공적으로 성장하는 데에 필수적입니다. 이 능력은 지식을 습득하는 것뿐만 아니라, 학습의 주체로서 자기 자신을 객관적으로 이해하고, 자신의 강점과 약점을 파악하는 데에도 도움이 됩니다. 엄마들은 아이들의 성장과 발전을 위한 열쇠가 바로 아이 스스로 목표를 세우고 주도적으로 학습하는 능력에 있다는 것을 깨닫게 될 것입니다.

자녀를 공부를 잘하는 자녀로 키우기 위해서는 그들이 자기주도적으로 학습할 수 있는 능력을 키우는 것이 매우 중요합니다. 이는 가정에서 엄마가 적극적으로 학습코칭을 통해 지원하고, 자녀의 자기주도적 학습 능력을 향상시키는 데 주력하는 것으로 이루어집니다. 엄마는 자녀에게 목표를 설정하고 계획을 세우는 습관을 가르칩니다. 목표와 계획을 세우는 것은 자기주도적학습의 핵심입니다.

엄마는 자녀와 함께 학습 목표를 설정하고, 그 목표를 달성하기 위해서 계획을 함께 만들어 나갑니다. 이를 통해 자녀는 미래를 향한 목표 의식을 기르고, 스스로 일정을 조절하고 학습 계획을 수립하는 능력을 키울 수 있게 됩니다. 자기주도적 학습은 단순히 정보를 습득하는 것 이상으로 문제를 해결하고 창의적으로 생각하는 능력이 필요합니다.

이를 통해 자녀는 자기주도적으로 새로운 도전에 대처하는 자신감을 키우게 됩니다. 엄마는 자녀의 관심과 호기심을 존중하고 활용합니다. 자녀가 자기주도적으로 학습하는 데 있어 가장 큰 원동력은 자신의 관심과 호기심입니다. 엄마는 자녀가 관심을 가지고 있는 주제나 분야를 찾아내어 그에 대한 자료를 함께 찾아보고, 깊게 이해하고자 하는 의지를 존중하며 지원합니다. 이를 통해 자녀는 학습을 즐기며 자기주도적 학습의 즐거움을 체험하게 됩니다.

이러한 방식으로 엄마가 학습코칭을 통해 자녀의 자기주도적 학습능력을 향상시키면, 자녀는 단순히 지식을 습득하는 수동적인 학습에서 벗어나 스스로 학습의 주도권을 쥐게 됩니다. 이는 장기적으로는 자녀가 더욱 높은 학습 동기와 능력을 발휘하여 미래의 도전에 대처할 수 있는 기반이 될 것입니다.

자녀의 눈에 롤모델 엄마로 비춰지는 거울 제시

여러분은 자녀에게 어떤 모습으로 비춰지고 있을까요?

"엄마는 아이의 미래의 거울이다." 이 말은 어머니가 아이들에게 어떤 영향력을 행사하는지를 표현한 말이지만, 이 말 뒤에는 한 가정의 주인공으로서 엄마가 자신의 행동과 모습을 통해 아이에게 롤모델로서 올바른 길을 안내하는 중요성이 깔려 있습니다. 우리 엄마들은 자녀의 미래를 위해 헌신적으로 노력하고 있습니다. 이러한 노력 중에서도 아이에게 비춰지는 엄마의 모습과 행동들이 자녀에게 큰 영향을 끼치고 있는 것도 사실입니다. 엄마는 아이들에게 첫 번째로 만나는 세상에서 가장 중요한 가르침의 주인공입니다.

아이들은 엄마를 따라가기를 원하며, 그렇게 함으로써 자신의 가치관과 행동 양식을 형성합니다. 따라서 엄마는 자신이 원하는 아이의 모습을 보여 주기 위해 노력해야 합니다. 이는 엄마가 자신의 가치관과 행동을 반성하고 끊임없이 발전해 나가는 과정을 의미합니다. 아이들은 엄마를 따라 많은 것을 배웁니다. 엄마가 품고 있는 가치관, 인성, 인간관계에서 보여 주는 태도 등이 아이들에게 큰 영향을 끼칩니다. 가정에서 엄마가 학습코칭을 통해 자녀에게 모범적인 모습을 보이는 것은 매우 중요한 부분입니다. 부모는 자식의 거울이라는 말이 그 의미를 갖게 되는 것 중 하나가 학습과 교육의 영역입니다. 엄마가 모범적인 학습자, 문제 해결자, 그리고 삶에 대한 태도를 보여 주면서 자녀들에게 긍정적인 영향을 주는 것은 자녀를 공부를 잘하는 훌륭한 자녀로 성장시키는 데 기여할 것입니다. 엄마가 모범적인 학습자로 나타나는 것이 중요합니다.

자녀들은 부모를 따라가는 모습을 자주 보이기 마련이며, 특히 학습에 대한 자세는 크게 영향을 받습니다. 엄마가 지속적으로 학습에 관심을 가지고 새로운 지식을 습득하며 자기계발에 노력한다면, 자녀들은 이를 본받아 자기주도적인 학습 태도를 키우게 될 것입니다.

문제 해결 능력을 모범적으로 보여 주는 것 역시 중요합니다. 엄마가 어떤 어려운 상황에 직면했을 때 차분하게 문제를 해결하고자 노력하며, 실패에 대한 두려움 없이 도전하는 모습을 보여 주면, 자녀들은 문제를 두려워하지 않고 적극적으로 도전하는 자세를 갖게 될 것입니다. 이러한 자세는 학업에서 발생하는 어려움에 대해 겸허하게 접근하게끔 도와줄 것입니다.

이렇게 엄마가 학습코칭을 통해 자녀에게 모범적인 모습을 보이면, 자녀들은 자연스럽게 이를 따라가며 성장하게 됩니다. 모범적인 엄마의 모습은 자녀들에게 강력한 영향을 미치며, 학습코칭을 통해 이러한 모습을 강화시킬 수 있습니다. 자녀들이 부모의 모범을 따라가며 공부를 잘하고 긍정적인 성장을 이루게 되면, 그들은 미래에 더 나은 사회 구성원으로 성장할 것입니다.

실력으로 이끄는 작은 습관 루틴 만들기

여러분은 어떤 루틴을 가지고 계시나요?

자녀들이 긍정적이고 건강한 삶을 살아가기 위한 작고 사소한 습관을 지속적으로 실천하는 루틴이 얼마나 중요한지를 엄마들은 잘 알고 있습니다. 작고 사소한 일상의 루틴이 어떻게 큰 성공을 이끌어 낼 수 있는지를 이해하려면, 우리는 그것이 어떤 원리와 철학에 기반해 있는지를 살펴봐야 합니다. 엄마들은 어떻게 하면 자녀들이 건강하고 긍정적인 습관을 지속적으로 실천할 수 있을지에 대한 아이디어를 찾고 있습니다. 공부 잘하는 자녀로 성장시키기 위해서는 아이는 물론 엄마들에게도 작은 습관을 꾸준히 하는 루틴이 중요합니다.

가정에서 엄마가 학습코칭을 통해 매일 꾸준히 공부하는 습관을 자녀에게 심어 주는 것은 자녀의 학습 성취를 향상시키고 학습에 대한 긍정적인 자세를 유도하는 데 중요합니다. 학습 환경을 조성하는 것이 핵심입니다. 엄마는 자녀를 위한 편안하고 집중하기 좋은 학습 공간을 만들어야 합니다. 정돈된 책상과 필요한 교재, 문구류를 갖추어 자녀가 효율적으로 학습에 집중할 수 있도록 도움을 줄 수 있습니다.

또한, 학습 시간을 정해 두고 일관된 규칙을 만들어 매일 일정한 시간에

내 아이를 글로벌 리더로 키우는 엄마표 학습코칭

학습을 할 수 있도록 도와주어야 합니다.

학습에 대한 흥미를 높이기 위해 엄마는 다양한 학습 자료와 활동을 활용할 수 있습니다. 흥미로운 교재, 교육 앱, 교육 게임 등을 활용하여 자녀가 학습을 즐기고 흥미를 느낄 수 있도록 유도하는 것이 중요합니다. 엄마는 학습 진행 상황을 주기적으로 모니터링하고 피드백을 제공하는 역할도 중요합니다. 자녀가 어떤 부분에서 어려움을 겪고 있는지 파악하고 도움이 필요한 부분에 대해 세심한 관심을 기울여야 합니다.

특히 양호한 부분에 대해서는 칭찬과 긍정적인 피드백을 통해 자녀의 자신감을 향상시킬 수 있습니다. 자녀의 학습에는 예시와 모델링이 큰 영향을 미치게 됩니다. 엄마는 자녀에게 본인이 학습에 어떻게 접근하고 어떻게 문제를 해결하는지를 보여 주면서 모범을 제시할 수 있습니다. 올바른 모델 역할을 통해 자녀는 엄마의 학습 자세를 배우며 따라 하게 되어 긍정적인 학습 습관을 형성합니다.

엄마는 자녀에게 학습의 중요성과 장기적 가치에 대해 이해시키는 데 주력해야 합니다. 목표 달성이나 성적 향상뿐만 아니라 학습이 자신의 미래를 개선하고 발전시키는 데 어떻게 도움이 될 수 있는지에 대한 인식을 갖도록 유도해야 합니다. 이러한 방법들을 통해 엄마는 자녀에게 매일 꾸준히 지속적으로 공부하는 습관을 심어 주게 되어, 자녀가 학습을 즐기며 느낄 수 있는 성공적인 학업 경험을 쌓을 수 있게 도와줄 것입니다.

목표에 대한 목적의식 심어 주기

목표와 목적의식의 차이는 무엇일까요?

목표는 눈에 보이는 것 또는 손에 잡히는 것으로서 내가 이루고자 하는 어떠한 목표물을 목표라고 합니다. 'What' 즉, '무엇을'에 해당됩니다. 목적의식은 목표를 왜 이루고 싶은지 의식의 영역입니다. 'Why' 즉, '왜? 무엇 때문에?'에 해당됩니다. 단순히 목표만 있으면 실행에 옮기는 힘이 부족하게 됩니다. 목표를 이루고자 하는 간절함이 있어야 실행에 옮길 수 있게 됩니다.

우리는 늘 그 미묘한 순간들 속에 목표와 소망을 품고 살아가죠. 그 목표는 때로는 우리 눈에 보이며, 때로는 손에 잡히게 다가오기도 합니다. 이러한 목표를 이루기 위해서는 우리의 마음 깊은 곳에 목적의식이 필요합니다. 목적의식은 그 목표에 대한 간절한 마음이자 열정입니다.

우리는 삶의 여러 단계에서 다양한 목표를 향해 나아가게 됩니다. 어떤 순간에는 가족을 위해, 때로는 자기계발을 위해, 혹은 꿈을 향한 열망을 위해 목표를 세웁니다. 이 목표들은 우리의 인생을 더 의미 있게 만들어 줍니다. 그러나 목표를 이루기 위해서는 단순한 의지만으로는 충분하지 않습니다. 우리는 그 목표에 대한 간절한 마음, 목적의식을 가지고 있

내 아이를 글로벌 리더로 키우는 엄마표 학습코칭

어야 합니다.

눈에 보이는 것, 손에 잡히는 것이라는 표현은 우리가 실현가능하고 현실적인 목표를 설정하라는 일종의 조언입니다. 목표를 달성하려면 그것이 현실적이어야 하고, 뚜렷한 계획이 있어야 합니다. 하지만 목표의 중요한 부분은 눈에 보이고 손에 잡히는 것뿐만 아니라, 마음속에 간직한 목적의식입니다. 이 목적의식은 우리가 얼마나 열심히 노력하고 얼마나 강한 의지를 가졌는지를 결정짓는 중요한 열쇠입니다.

우리는 여러 가지 이유로 목표를 향해 나아가기 어려운 순간들을 겪게 됩니다. 어떤 날은 힘들고 지칠 때가 있고, 때로는 어려움에 부딪혀 좌절할 때도 있습니다. 그럴 때마다 마음 깊숙한 곳에서 목적의식을 끌어올려, 우리의 목표를 향해 다시 한 발씩 나아가야 합니다.

어려서부터 목표를 갖는 것은 아이들에게 무한한 자기 발전의 기회를 제공합니다. 자녀의 목표가 무엇인지 확인하는 단계에서 끝나는 것이 아니라, 그 목표를 왜 이루고 싶은지, 그 목표를 통해서 정말 궁극적으로 원하는 건 무엇인지 등의 질문으로 목표에 대한 목적의식을 갖게 하는 것이 무엇보다 중요합니다. 그것이 바로 실행에 옮기는 힘이 됩니다.

작심삼일 병의 약은 실천 가능한 계획

'작심삼일', '의지박약'. 주변에서 쉽게 볼 수 있는 아이들의 모습입니다. 아이들뿐만 아니라 우리 부모들의 고민이기도 하지요.

작심삼일, 그리고 의지박약은 현대 아이들에게 흔한 현상이 되어 가고 있습니다. 여러 부모들이 자녀의 작심삼일과 의지박약에 직면할 때 느끼는 공통된 감정은 무엇일까요? 작심삼일의 시작은 종종 예기치 못한 도전 앞에서 아이들이 처한 결정의 순간입니다. 그리고 그 결정을 내리는 데에는 자신의 목표를 향한 강한 의지와 계획이 필요합니다. 하지만 아이들은 종종 이러한 의지와 계획을 세우는 데에 어려움을 겪습니다.

작은 계획을 통해 시작되는 변화는 눈에 띄지 않을 수 있지만, 그 작은 시작이 모여 큰 성취로 이어집니다. 가정에서 엄마가 학습코칭을 통해 자녀를 공부 잘하는 자녀로 성장시키기 위해서는 자녀의 능력에 맞게 실천 가능한 계획을 세우는 것이 핵심입니다. 자녀의 능력에 맞게 계획을 세우는 것은 개인화된 학습 경험을 제공할 수 있습니다.

모든 자녀가 동일한 학습 속도나 방식으로 학습하지 않습니다. 어떤 아이는 빠르게 새로운 개념을 이해하고 적용하는 데 능숙하고, 다른 아이는 여러 번 반복해서 학습해야 이해할 수 있을 것입니다. 엄마가 자녀의 개

별적인 학습 양상을 고려하여 계획을 세우면, 각자의 학습 속도에 맞게 지도하고 지원할 수 있습니다. 자녀의 능력에 맞게 계획을 세우면 학습에 대한 긍정적인 경험을 조성할 수 있습니다.

일반적으로 어려운 과제나 목표를 달성하는 것은 자신감을 떨어뜨릴 수 있습니다. 하지만 자녀의 능력에 맞게 조절된 계획은 학습에 대한 적절한 도전을 제공하면서, 동시에 성공을 경험할 수 있는 기회를 제공합니다. 이를 통해 자녀는 학습의 즐거움을 느끼며 더욱 긍정적으로 학습에 참여하게 됩니다. 개인화된 계획은 자녀의 학습 동기를 촉진합니다.

엄마가 자녀의 흥미와 관심을 고려하여 계획을 수립하면, 자녀는 자연스럽게 학습에 대한 흥미를 느낄 가능성이 높아집니다. 흥미를 느낀 주제나 방식으로 학습하면 자녀는 더 적극적으로 학습에 참여하고, 지속적인 자기주도적 학습 습관을 키워 나갈 수 있습니다. 또한, 자녀의 능력에 맞는 실천 가능한 계획을 수립하면 자녀의 학습 스트레스를 최소화할 수 있습니다. 하지만, 과도한 학습 부담은 자녀의 학습 동기를 떨어뜨릴 수 있으며, 반대로 적절한 양의 학습 계획은 자녀가 효율적으로 학습하고 스트레스를 감소시킬 수 있게 도와줍니다. 엄마가 이러한 측면을 고려하여 계획을 세우면, 자녀는 건강하고 지속적인 학습 환경에서 성장할 수 있습니다.

이처럼 자녀의 능력에 맞게 실천 가능한 계획을 세우는 것은 학습코칭의 첫걸음이자, 자녀를 공부 잘하는 자녀로 성장시키는 핵심입니다. 엄마가 자녀의 특성을 충분히 이해하고, 이를 기반으로 유연하고 효과적인 계획을 수립하면, 자녀는 긍정적인 학습 경험을 쌓아 가며 지속적으로 학습에 대한 자신감을 키워 나갈 것입니다.

작은 성취감의 경험이 큰 성공의 시발점

어릴 적의 작은 성공경험은 성인이 된 후에 큰 성공으로 이끄는 열쇠가 됩니다. 성공한 사람들 중에서 어린 시절에 성취감을 느꼈던 이들이 많은 이유는, 스스로 성취했던 성공의 순간이 성인이 된 후 인생의 도전에 대한 자신감과 동기부여 및 효능감의 원동력이 되기 때문입니다. 아이들은 세상을 탐험하고, 자신의 능력에 도전하며, 그 과정에서 작은 성공을 경험합니다. 이러한 작은 성공은 자녀들에게 미래의 도전에 대한 자신감과 용기를 심어 줍니다. 아이들이 작은 성공을 경험하는 것은 성장과 발전의 첫 단추를 채우는 것과 같습니다. 작은 성공을 통해 아이들은 자기 자신에 대한 자부심과 확신을 얻게 되며, 그것이 나중에 큰 목표를 향한 자신의 능력을 믿게 만듭니다. 작은 성공은 아이들에게 실패와 마주할 용기를 부여합니다. 아이들이 작은 실패를 극복하며 성장하는 과정은 나중에 큰 도전에 대처할 준비를 하게 해 줍니다. 어릴 적의 작은 성공은 아이들에게 목표를 세우고 그것을 달성하는 데 필요한 기초를 제공합니다. 가정에서 엄마가 학습코칭을 통해 공부 잘하는 자녀로 성장시키기 위해서는 작은 성공 경험의 중요성을 이해하고 이를 통해 자녀에게 성취감을 불러일으키는 것이 핵심입니다. 작은 성공은 자녀의 학습 동기를 높이고, 자신감을 키우며, 큰 목표를 향한 동력을 부여합니다. 작은 성공 경험은 자녀에게 긍정적인 학습 태도를 심어 줍니다. 공부는 종종 어려운 작업이라고 여겨질 수 있습니다. 그러나 작은 성공을 통해 얻는 성취감은 자녀가 학습에 대한 긍정적인 태도를 갖게 만듭니다. 작은 목표를 달성하고 성공적으로 해결한 경험은 자녀에게 학습이 어렵고 복잡한 일이 아니라, 즐거운 도전으로 여겨지게끔 만들어 줍니다. 작은 성공은 자녀에게 자신감을 부여합니다. 자녀가 작은 목표를 달성하면서 겪는 성공 경험은 자신에게 믿음을 주고 자신감을 키워 줍니다. 이는 미래에 더 큰 도전에도 긍정적으로 대처할 수 있는 자세를 형성하는 데 기여합니다. 자신에게 가능한 작은 목표를 설정하고 달성함으로써 자녀는 자신의 능력을 인정하고 발전시킬 수 있는 기회를 찾을 수 있게 됩니다. 작은 성공 경험은 큰 목표를 향한 동력을 부여합니다. 작은 목표를 달성하면서 얻는 성취감은 자녀에게 더 큰 목표를 향해 나아가는 동기를 부여합니다. 작은 성공을 통해 자녀는 목표를 이룰 수 있다는 자신감을 키우며, 이는 곧 큰 목표를 향한 구체적인 계획과 노력을 쏟게 만듭니다. 작은 성공이 큰 목표를 향한 자녀의 의지를 강화하고, 더 높은 목표를 향한 동기부여를 제공합니다. 또한, 작은 성공 경험은 자녀의 학습 습관을 형성하고 지속시키는 데 도움이 됩니다. 작은 성공을 통해 자녀는 노력과 인내가 성과로 이어진다는 경험을 하게 됩니다. 엄마가 학습코칭을 통해 자녀에게 작은 목표를 설정하고 달성하게끔 도와주면, 이는 자녀의 학습 여정에서 긍정적인 성취감과 의지를 증진시킬 것입니다. 작은 성공은 큰 목표를 이루는 과정에서 가장 중요한 밑거름이 되어 주며, 자녀가 공부를 잘하는 자녀로 성장하는 데 필수적입니다.

공부 잘하는 아이의 비법은 메타인지에 있다

최근 몇 년 동안, '메타인지'라는 단어가 자녀의 교육에서 중요한 역할을 하는 것으로 강조되고 있습니다. 메타인지는 자신이 아는 것과 모르는 것, 이해하는 것과 이해하지 못하는 것을 구별할 수 있는 힘입니다. 이 능력은 공부를 잘하는 데 있어서 핵심적인 역할을 하며, 메타인지 능력이 뛰어난 아이들은 자기 학습을 관리하고 개선하는 데 큰 도움이 됩니다.

아이들이 정보에 노출되고 지식을 쌓아 가는 현대 사회에서, 단순히 정보를 암기하는 것보다는 그 정보를 어떻게 관리하고 활용할 수 있는지가 더욱 중요해졌습니다. 이 능력이 뛰어난 아이들은 학습 중에 자신의 진척 상황을 파악하고, 필요한 조치를 취함으로써 효율적으로 학습할 수 있습니다.

엄마가 학습코칭을 통해 자녀를 공부 잘하는 자녀로 키우기 위해서는 자녀의 메타인지 능력을 높이는 것이 매우 중요합니다. 공부를 잘하는 아이는 자신이 어떤 지식을 이미 알고 있는지, 어떤 부분이 아직 모호한지를 인식할 수 있습니다. 이를 통해 자녀는 자신의 강점과 약점을 파악하고, 효과적인 학습 전략을 세울 수 있으며, 불필요한 시간 낭비를 줄이고 효율적인 학습을 가능하게 합니다.

내 아이를 글로벌 리더로 키우는 엄마표 학습코칭

메타인지는 자기 감독 능력을 포함합니다. 공부를 잘하는 자녀는 자신의 학습 과정을 지속적으로 감시하고 평가할 수 있고, 학습 도중에 자신의 집중력이 떨어지는지, 효과적인 학습 전략을 사용하고 있는지 등을 파악할 수 있습니다. 이를 통해 자녀는 학습 중에 발생하는 문제를 빠르게 감지하고 조정할 수 있게 되어 지속적이고 효과적인 학습이 가능해집니다. 메타인지는 자녀의 목표 설정과 계획 수립에도 영향을 주며, 자신이 달성하고자 하는 목표를 명확히 설정하고 이를 위한 계획을 세울 수 있습니다.

메타인지는 자녀가 자기주도적 학습을 할 수 있는 능력을 갖추는 데에도 기여합니다. 공부를 잘하는 자녀는 자기주도적으로 학습하고, 새로운 지식을 습득하는 방법을 스스로 찾아 나갑니다. 엄마가 학습코칭을 통해 자녀의 메타인지를 높이면, 자녀는 학습의 주도권을 쥐고 스스로 학습하고 발전해 나갈 수 있는 능력을 키워 나갈 것입니다. 가정에서 자녀의 메타인지를 높이는 방법으로 영화나 책을 본 후 그 줄거리를 엄마에게 이야기함으로써 자신이 기억하는 것과 기억하지 못하는 것을 구별하게 되어 기억 못하는 내용을 다시 찾아보게 하는 방법이 매우 효과적입니다. 이러한 방법을 공부에 적용하여 교과서나 문제를 풀게 하고 그것을 엄마에게 설명하면서 모르는 부분을 다시 자신의 것으로 만드는 과정을 반복하게 되면 메타인지가 높아질 수 있습니다.

이처럼 가정에서 엄마가 자녀와 함께 자녀의 메타인지를 높이는 활동이 중요합니다.

인출과 시간 간격으로 만드는 놀라운 기억의 세계

한번 학습한 내용을 오랫동안 기억할 수 있다면 얼마나 좋겠습니까? 아쉽게도 모든 사람은 기억의 한계를 가지고 있습니다. 자녀들이 학습한 정보를 오랫동안 기억하고, 지속적으로 발전하며 성공을 거둘 수 있도록 돕는 것은 어려운 일입니다. 기억력은 자녀들이 학습한 내용을 오랫동안 기억하고 활용할 수 있는 능력을 의미합니다. 우리는 자녀들이 단기적으로 정보를 기억하는 것뿐만 아니라 장기적으로도 그 기억을 유지할 수 있도록 도와야 합니다. 우리는 또한 에빙하우스의 망각 주기를 극복하는 핵심적인 전략에 대해 알아 갈 것입니다. 망각 주기는 정보를 기억하고 나서 일정 기간이 지나면 잊어버리는 현상을 의미합니다. 이를 극복하기 위해서는 적절한 시간 간격으로 정보를 반복해서 노출시키는 것이 중요합니다. 이러한 방식으로 자녀들이 지속적인 학습을 통해 기억을 유지하고, 정보를 쉽게 불러올 수 있는 능력을 키울 수 있게 됩니다.

인출과 시간 간격은 학습과 기억에 중요한 영향을 미치는 두 가지 핵심적인 개념입니다. 인출은 우리가 알고 있는 지식을 밖으로 표현하고 사용하는 과정을 나타내며, 시간 간격은 학습한 정보를 기억하기 위해서는 일정한 간격으로 반복하여 접하는 것이 중요하다는 에빙하우스의 망각 주

내 아이를 글로벌 리더로 키우는 엄마표 학습코칭

기 이론에 근거합니다.

인출은 우리가 습득한 정보를 기억하고 적용하는 데에 필수적입니다. 지식이 머릿속에 저장되어 있더라도 그 지식을 실제 상황에서 활용하려면 적절한 때에 그 정보를 끌어내어 사용해야 합니다. 예를 들어, 시험에서 특정 개념을 정확하게 답하는 것은 지식을 인출하여 적용하는 과정이며, 일상적인 대화에서 적절한 단어를 선택하는 것도 인출의 일종입니다.

또한, 인출은 정보를 다양한 맥락에서 사용함으로써 기억력을 강화시키는 데에도 기여합니다. 정보를 반복적으로 사용하고 다양한 상황에서 연관시키면, 그 정보는 장기기억에 더욱 강력하게 남게 됩니다. 이는 학습한 내용을 지속적으로 회상하고 응용함으로써 효과적인 지식 확장을 이루는 데에 도움이 됩니다. 이와 관련하여, 시간 간격의 중요성은 에빙하우스의 망각 주기 이론에서 명확하게 나타납니다. 망각은 시간이 지남에 따라 발생하는 현상이며, 특히 짧은 시간 동안에 학습한 내용은 시간이 지나면서 기억에서 사라지기 쉽습니다. 이를 극복하기 위해서는 학습한 내용을 일정한 시간 간격으로 반복해서 복습하는 것이 필요합니다. 적절한 시간 간격으로 반복하면 정보를 기억하는 데에 도움이 되는 것은 주기적 학습의 원리에 기인합니다. 정보를 반복하면 기억 강화가 일어나며, 정보를 더 오래 기억할 수 있게 됩니다. 즉, 학습한 내용을 늘어난 시간 간격으로 주기적으로 인출하면 기억력이 향상되고 지식의 지속적인 보존이 가능해집니다. 요약하자면, 인출은 학습한 내용을 기억하고 활용하는 핵심적인 단계며, 시간 간격은 지식을 오래 기억하기 위한 효과적인 방법 중 하나입니다. 인출과 시간 간격을 고려하여 효과적인 학습 전략을 구사하면, 더욱 효과적으로 지식을 습득하고 기억할 수 있습니다.

학습코칭 전문가로 거듭나기 위한 역량과 스킬

성장하기

예비 엄마, 초보 엄마에서 학습코칭 전문가로 거듭나기

코칭의 힘으로 자녀에 대한 패러다임의 변화

코칭에서 가장 중요한 것은 고객과의 수평적 파트너십입니다. 학습코칭에서도 강조되는 관점 중 하나는 수평적 파트너십입니다. 이는 강사와 학생, 혹은 코치와 클라이언트 간의 상호작용에서 고객을 단순 수용자가 아닌 동등한 파트너로 여기고 협력하는 관계를 의미합니다. 과연 엄마 입장에서 자녀와 수평적 파트너십이 가능할까요?

하지만 가정에서 자녀를 가르치고 키우는 데에는 이 수평적 파트너십을 유지하는 것이 어려울 수 있습니다. 특히, 엄마는 자녀를 배 속에서부터 10개월을 보살피고 출산을 했기 때문에 자연스럽게 통제적이고 지시적인 역할에 놓이게 되는데, 이것이 수평적인 파트너십을 유지하는 데 어려움을 줄 수 있습니다.

이러한 부분에서는 자녀가 우리의 소유물이 아닌 독립적이고 온전한 인격체로서 존중하고 배려하는 마음을 가져야 합니다. 이는 코칭의 수평적 파트너십의 핵심 원칙 중 하나입니다. 우리의 자녀는 부모의 연장선이 아니라, 온전한 인격체로 존재하며 성장해 나가는 주체적 존재입니다. 그들의 감정, 의견, 욕구를 이해하고 존중함으로써 우리는 수평적인 관계를 형성할 수 있습니다.

내 아이를 글로벌 리더로 키우는 엄마표 학습코칭

이러한 수평적 파트너십은 가정에서의 학습과 성장을 촉진하는 데 중요한 역할을 합니다. 자녀가 자신의 역량과 잠재력을 발휘하도록 돕고, 그들이 주체적으로 자신의 목표를 세우고 달성할 수 있도록 돕는 것이 핵심입니다. 엄마의 관점에서도 자녀를 지지하고 이끌어 나가는 데에 있어 수평적 파트너십은 가정 내에서 긍정적이고 건강한 환경을 조성할 수 있습니다.

엄마들은 자녀가 자라면서 예상치 못한 상황이나 부적절한 행동에 대해 "내가 너를 어떻게 키웠는데?"라는 보상심리를 느낄 수 있습니다. 하지만 새로운 시각에서 자녀를 바라보는 것이 중요합니다. 10개월 동안 참고 견디며 엄마의 배에서 나와 준 자녀는 이미 위대하고 특별한 존재입니다. 이는 단순히 모성애에 의한 것이 아니라, 자녀 자체가 강한 의지와 무한한 잠재력을 지닌 존재로 태어났음을 의미합니다.

우리 자녀는 어떤 어려움에도 불구하고 이겨 낼 수 있는 힘을 갖추고 있습니다. 엄마들은 자녀가 마주하는 도전에 대해 두려움이 아니라 자녀의 성장과 발전을 지지하고 격려하는 역할을 할 필요가 있습니다. 그리고 자녀의 능력과 가능성을 존중하며, 그들이 원하는 길을 찾아가도록 도와주어야 합니다.

자녀에 대한 패러다임을 바꾸기 위해서는 자녀를 존경하고 그들의 독립성을 존중하는 마음가짐이 필요합니다. 엄마들은 자녀를 위대한 존재로 바라보며, 그들이 가진 무한한 잠재력을 이해하고 지지하는 것이 중요합니다. 또한, 자녀의 실패나 어려움을 부정적으로 평가하는 것이 아니라, 그들이 성장하고 배우는 과정에서 얻는 가치를 이해해야 합니다. 그래야 코칭에서 강조하는 수평적 파트너십이 가능하게 될 것입니다. 엄마들은 자녀에 대한 패러다임을 바꾸어 자녀를 위대한 존재로 인식하고, 그들의 무한한 잠재력을 이해하며 지지하는 마음가짐이 필요합니다.

자녀의 무한한 가능성은 엄마의 호기심에서 출발

태어나는 순간, 우리 아이들은 무한한 가능성의 씨앗을 가지고 이 세상에 발을 디딥니다. 그 작은 몸에는 미래의 환상과 꿈이 숨 쉬고 있습니다. 이 작은 생명체가 갖고 있는 빛나는 미래, 그 무한한 가능성은 엄마의 손에서 피어나고 성장합니다. 엄마는 아이의 첫 발걸음을 보고, 첫마디를 듣고, 그 작은 손에서 느껴지는 미래의 길을 함께 걸어가는 책임감과 사랑으로 가득합니다.

하지만 아이의 무한한 가능성을 살려 주는 것은 우리 엄마들의 손에 달려 있다고 말씀드리고 싶습니다. 그리고 그 중심에는 바로 엄마의 호기심이 깃들어 있습니다. 엄마의 호기심은 마치 아이의 무한한 가능성의 문을 열어 주는 열쇠처럼 작용합니다. 어떤 궁금증, 어떤 호기심이라도 그것은 아이의 세계를 넓히고, 무한한 가능성의 초상화를 그려 내기 시작합니다.

아이들은 엄마의 호기심에서 자라납니다. 엄마가 궁금증을 갖고, 새로운 경험을 추구하며, 끊임없이 배우고 성장하는 모습을 보는 것은 아이들에게 무한한 영감을 주는 것입니다. 엄마의 호기심은 아이들에게 실패를 두려워하지 않고 도전하며 배우는 용기를 심어 줍니다. 이는 마치 엄마의 호기심이 아이의 눈앞에 펼쳐진 세계를 더 크고 풍요롭게 만드는 마법의

지팡이처럼 작용합니다.

그러나 엄마의 역할은 그 무한한 가능성을 향한 문을 열어 주는 것뿐만이 아닙니다. 때로는 엄마의 부정적인 말 한 마디, 한 행동이 아이의 세계를 어둡게 가려 버릴 수도 있습니다. 아이의 꿈을 무시하거나, 자신의 호기심을 억누르는 것은 마치 문을 닫아 버리는 것과 같습니다. 아이는 엄마의 눈에 보이는 세계에서 자신의 가치를 찾고, 자신을 발견하며 성장합니다. 따라서 엄마의 말과 행동이 아이의 무한한 가능성에 영향을 미친다는 사실을 엄마들께 깊이 인지해 주길 바랍니다.

아이의 눈에 담긴 무한한 세계를 열어 주는 것은 바로 엄마의 호기심이며, 그것이 아이의 미래를 빛나게 만드는 길이 될 것입니다.

자녀들에 대한 엄마의 호기심을 자극하는 것은 그들이 세상을 더 깊이 이해하고, 지식을 쌓아 나가는 기반이 됩니다. 함께 이 모험에 동참하며, 우리 아이들에게 무한한 가능성의 선물을 전하고, 그 빛나는 미래를 함께 쓰기 위해 여러분과 함께 나아가야겠습니다.

이 길을 빛나게 만들어 나가기 위해 필요한 학습코칭은 자녀의 개성을 존중하며, 자녀가 자신의 강점과 흥미를 발견하고 이를 기반으로 학습하는 데 도움을 주는 중요한 방법 중 하나가 될 것입니다. 학습코칭에서 가장 중요한 것은 자녀가 무엇을 좋아하고 잘하는지를 알아내는 것입니다. 이를 위해서는 자녀를 지속적으로 관찰하고 탐색하는 과정이 필요합니다.

사랑하는 내 자녀의 무한한 가능성이 세상 밖으로 펼쳐 보일 수 있는 원동력은 가정에서 자녀에 대한 엄마의 호기심에서 출발한다는 사실을 기억해야 합니다.

잔소리와 작별, 질문으로 학습코칭 시작

자녀들이 공부를 잘하고 성공적으로 성장하기를 바라는 마음은 우리 엄마들의 공통된 소망입니다. 그러나 우리가 그들을 도울 때, 잔소리와 압박은 오히려 도움이 되지 않을 때가 많습니다. 열린 질문은 간단한 답변으로 끝나지 않고, 자녀들에게 더 깊은 생각과 자기표현의 기회를 제공하는 질문입니다. 우리는 자녀들에게 "오늘 공부는 잘했니?"와 같은 폐쇄적인 질문이 아니라, "오늘 어떤 질문을 했니?"와 같이 자녀들이 자신의 경험을 더욱 자세히 나눌 수 있도록 하는 질문을 통해 소통의 창을 열어줄 것입니다.

엄마들이 자녀에게 잘되라는 의도로 잔소리를 하게 되는 것은 자연스러운 현상이지만, 종종 이러한 접근 방식은 효과가 없을 뿐만 아니라 자녀들에게 반감을 일으킬 수 있습니다. 잔소리는 종종 자녀들에게 부정적인 감정을 유발하며, 원하는 효과를 얻지 못할 때가 많습니다. 그 대안으로, 자녀에게 질문을 많이 하는 것이 훨씬 효과적인 방법으로 여겨집니다. 자녀에게 질문을 통해 소통하는 것은 양방향 대화를 유도하며, 자녀의 생각과 감정을 이해하는 데 도움이 됩니다. 특히 열린 질문은 단순한 "예" 또는 "아니요"로 대답할 수 있는 닫힌 질문과는 대조적으로, 자녀가 자신의 생각과 경험을 나눌 수 있도록 유도하는 형태의 질문입니다.

예를 들어, "오늘 학교에서 무엇을 배웠니?"라는 열린 질문은 자녀가 자신의 경험을 공유하도록 장려하며, 자아 표현과 의사소통 능력을 향상시킵니다. 이러한 질문은 자녀에게 능동적인 참여를 유도하고, 부정적인 감정을 일으키지 않으면서도 깊은 이해를 도모할 수 있습니다.

유대인 부모들이 자녀를 키우는 과정에서 질문을 중요시했다는 점은 흥미로운 사실입니다. 학교에서의 학습은 물론이고, 삶의 다양한 측면에서 자녀들과의 질문 방식의 대화로 이어 나가는 소통이 강조되었습니다. 예를 들어, 자녀가 학교에서 배운 것을 묻는 것뿐만 아니라, 그들의 의견, 생각, 꿈, 또는 어려움에 대해 물어보는 것이 중요한 부분이었습니다. 유대인 부모들은 자녀들에게 질문을 통해 사고력과 창의성을 개발하는 것을 중요시했습니다. 질문을 통해 자녀들은 단순한 정보 수집이 아니라 자신의 생각을 정립하고 표현하는 기회를 얻을 수 있었습니다. 잔소리와는 달리 질문은 자녀의 자기표현을 존중하며, 자아 계발 과정에 도움이 됩니다. 더불어, 엄마와 자녀 간에 좋은 대화를 유도함으로써 부모-자녀 간의 감정적인 유대감을 증진시키고, 서로를 더 잘 이해할 수 있도록 도와줍니다.

성장의 나무, 피드포워드의 물을 주다

자녀의 날개를 꺾어 버리는 피드백! 자녀에게 날개를 달아 주는 피드포워드!

여러분은 자녀에게 어떤 선택을 하시겠어요?

많은 엄마들은 자녀가 잘되기를 바라는 마음에 자녀의 언행에 대해서 또는 결과에 대한 피드백을 통해 자녀의 부족함에 지적을 하였습니다. 그러나 이러한 부정적인 피드백은 자녀들의 자신감을 훼손하고, 자아 존중감을 저하시킬 수 있습니다. 피드포워드는 자녀들이 이미 잘하고 있는 부분을 강조하며, 그들의 노력을 인정하는 것입니다. 우리는 자녀들이 날개를 펼치고 더 높이 날아갈 수 있도록, 부족함이 아닌 장점과 능력을 강조하는 피드포워드가 중요하다고 믿습니다.

자녀가 엄마의 피드백을 받으며 성장한다는 것은 일종의 진리로 여겨집니다. 엄마의 피드백은 자녀의 행동과 태도에 대한 지도와 교정을 의미하며, 이는 자녀가 사회적 기준과 가치관을 학습하고 성숙해지는 데 기여합니다. 그러나 피드백은 종종 부정적인 감정이나 자신감 하락과 연결되기도 합니다. 이러한 문제를 해결하고자 피드포워드가 갖는 긍정적인 특성에 대한 이해와 적절한 활용이 중요합니다.

피드백은 주로 잘못된 부분을 교정하고 개선하기 위해 제공되는 정보입니다. 자녀가 이러한 피드백을 받을 때는 종종 자신의 부족함이나 실수에 대한 부정적인 감정을 경험할 수 있습니다. 특히 어린 자녀들은 자신의 능력에 대한 불안감을 느낄 수 있고, 피드백이 자아 정체성에 부정적인 영향을 미칠 수 있습니다.

반면 피드포워드는 피드백과는 다르게 어떤 일을 더 잘하도록 도와주는 긍정적인 지도를 의미합니다. 피드포워드는 성과나 양적인 개선이 있을 때 주어지며, 어떤 면에서는 칭찬의 형태로도 나타날 수 있습니다. 이러한 긍정적인 피드포워드는 자녀의 자신감 향상과 긍정적인 동기부여에 큰 역할을 할 수 있습니다.

자녀에게 피드포워드를 주는 것은 자녀의 장점과 노력을 인정하고 격려하는 것을 의미합니다. 예를 들어, "오늘 숙제를 정말 열심히 해서 멋져!"라는 말은 자녀의 노력과 성과를 인지하고 긍정적으로 평가한 것입니다. 이러한 피드포워드는 자녀에게 자신을 더 존중하고 긍정적으로 인식할 수 있는 기회를 제공합니다.

엄마들은 자녀에게 피드포워드를 통해 긍정적인 환경을 조성할 수 있습니다. 자녀가 어떤 일에서 성공하거나 노력하는 모습을 관찰하고, 이를 인지하며 칭찬과 격려의 말을 건네는 것이 중요합니다. 자녀가 긍정적인 경험을 쌓으면서 자신에 대한 자부심과 자신감을 키울 수 있습니다.

내 아이를 글로벌 리더로 키우는 엄마표 학습코칭

마음의 문을 열게 하는 엄마의 경청과 공감

여러분은 하루에 몇 분 정도 자녀의 이야기를 온전히 경청하고 공감하나요?

자녀들의 마음을 열기 위해서는 우리의 경청과 공감이 얼마나 중요한 역할을 하는지, 그리고 그것이 어떻게 자녀들의 성장과 행복에 기여하는지를 이해하는 것이 핵심입니다. 우리는 자녀들과의 소통이 얼마나 중요한지 알고 있습니다. 그러나 가끔은 자녀들이 내면에 감추어 둔 감정을 열어 내기가 어려울 때가 있습니다. 엄마들의 경청은 단순한 듣기가 아닙니다. 우리는 자녀의 이야기를 듣고, 그들이 말하고자 하는 감정과 생각을 깊이 이해하려 노력해야 합니다. 이것이 곧 공감의 시작입니다. 공감은 자녀가 느끼는 감정을 이해하고 그 감정에 공감함으로써 마음의 문을 열어 주는 것입니다.

가정에서 자녀를 성장시키고 지원하기 위해 학습코칭이나 다양한 교육적 노력을 기울이는 것은 중요합니다. 그러나 그 모든 노력의 핵심은 바로 경청과 공감에 있다고 말할 수 있습니다. 자녀가 가정에서 엄마의 사랑을 온전히 느끼고, 자신의 마음속 이야기를 솔직하게 털어놓을 수 있게 하려면 경청과 공감이 뒷받침되어야 합니다. 경청은 단순히 이야기를 들는 것 이상을 의미합니다. 자녀의 이야기를 듣되, 그 이야기에 담긴 맥락과 더불어 감정과 의도를 이해하는 것이 중요합니다. 자녀가 표현하는 감정, 고민, 또는 기뻐하는 순간 속에 담긴 의미를 파악하고, 그것을 무시하지 않고 존중하는 것이 경청의 핵심입니다.

경청은 양방향성을 가지며, 상대방을 진정으로 듣고 이해하려는 의지를 반영합니다. 엄마가 자녀의 이야기에 집중하고, 그 속에 담긴 의도를 파악하여 자녀의 생각과 감정을 공감하는 것은 자녀와의 심리적 연결을 강화하는 데 기여합니다.

더불어 공감은 마음으로 이해하는 것입니다. 비유적인 표현으로 설명하자면, 비를 맞고 있는 친구에게 우산을 씌워 주는 것이 아니라, 함께 비를 맞아 주는 것입니다. 이는 자녀의 감정이나 경험을 완전히 이해하고, 그 감정을 함께 나누고자 하는 의지를 나타냅니다. 공감은 이해력을 넘어서서 자녀와의 감정적 연결을 형성하는 데 도움을 주며, 이는 자녀가 안전하고 지지받는 환경에서 성장할 수 있도록 합니다.

자녀가 학업에 대한 고민을 이야기하는 것은 단순히 성적이나 성취만을 중시하는 것이 아니라, 그 뒤에 숨어 있는 감정, 고민, 성취에 대한 자부심 등을 함께 이해하고 공감함으로써, 자녀에게 학습에 대한 긍정적인 자세를 심어 줄 수 있습니다. 이는 자녀가 스스로의 동기를 찾고, 학습에 적극적으로 참여할 수 있도록 격려하고 지원하는 것과 연결됩니다.

자녀가 자신의 이야기를 편하게 이야기할 수 있도록 만들고, 그 이야기에 마음을 열어 듣고 공감하는 것은 자녀와의 강한 유대감과 안전한 환경을 조성하는 데 도움이 됩니다.

내 아이를 글로벌 리더로 키우는 엄마표 학습코칭

자녀에게 감동을 주는 엄마의 인정과 칭찬

직장인 성인 남성에게 설문을 했습니다.

직장에서 자발적인 애사심을 갖게 하는 경우는 '인정'받을 때라고 합니다. 그리고 가정에서 가장으로서 존재감을 느끼는 순간은 아내로부터 '인정'받을 때라고 합니다. 성인들도 누군가에게 인정받을 때 자존감을 느낀다고 하는데 아이들은 어떻겠습니까?

자녀들이 인정과 칭찬을 받으면서 성장하고, 자신에게 자신감을 가질 수 있는 환경을 만들어 주는 것이 중요합니다. 인정과 칭찬은 흔히 유사한 개념으로 오해되기도 하지만, 실제로는 완전히 다른 의미를 가지고 있습니다. 인정은 성과나 결과물에 대한 것이 아니라, 그 과정이나 개인의 가치, 신념 등을 인정해 주는 것입니다. 특히, 사람의 존재 자체를 인정함으로써 상호 간에 긍정적인 관계를 형성하고, 개인의 성장과 발전을 지원하는 역할을 합니다.

가정에서 자녀를 학습코칭하고 공부를 잘하는 자녀로 성장시키기 위해서는 인정의 개념과 중요성을 이해하는 것이 핵심입니다. 인정은 어떤 성과나 결과를 칭찬하는 것보다 더 깊이 있는 차원에서 이루어집니다. 사람의 가치, 개성, 신념을 존중하고 그것을 존중한다는 인정은 자녀의 자아 계발과 자신감 형성에 큰 영향을 미칩니다.

가장 좋은 인정 방법 중 하나는, 바로 사람의 존재에 대한 인정입니다. 자녀가 단순히 성적이나 성과를 통해서가 아니라, 그 자체로 소중하고 의미 있는 존재로 인정받는다면, 자녀는 자신의 가치를 느끼고, 높은 자부심과 자신감을 키울 수 있습니다. 학습코칭이란 새로운 개념이지만, 그 핵심은 바로 사람의 존재를 소중하게 여기고 인정하는 것에 기반합니다. 학습코치는 자녀의 강점과 성장 가능성을 찾아내어 그것을 최대한으로 발휘할 수 있도록 지원합니다. 이는 성적이나 결과물을 넘어서 자녀의 개인적인 특성과 잠재력을 인정하고 활용하는 것입니다.

칭찬은 사람을 기분 좋게 하고 자신감을 갖게 하며 상호관계를 좋게 하는 강력한 대화 스킬로 알려져 있습니다. "고래도 춤추게 한다."라는 표현처럼, 칭찬은 긍정적인 영향을 미치며, 특히 엄마들이 자녀를 공부를 잘하는 자녀로 성장시키기 위해 가정에서 학습코칭을 적용하는 데 큰 역할을 합니다. 칭찬의 효과는 여러 측면에서 나타납니다. 먼저, 칭찬은 받는 사람의 기분을 좋게 만들어 주며, 자신감을 향상시킵니다. 자녀가 자신의 노력이나 성과에 대해 인정과 칭찬을 받을 때, 그들은 자신의 능력을 믿게 되고 더 나은 성과를 이루려는 동기부여를 얻게 됩니다. 이는 학습에 긍정적인 영향을 미쳐 성취감과 학습효과를 높이는 데 기여합니다.

칭찬의 방법 중 하나는, 성과가 아닌 노력을 인정하는 것입니다. 자녀가 공부에 힘쓰고 노력했을 때, 그 노력 자체를 칭찬함으로써 자녀는 성과뿐만 아니라 노력에도 가치가 있다는 것을 깨닫게 됩니다. 이는 실패에 대한 두려움을 줄이고, 지속적인 노력을 장려하는 데 도움을 줍니다.

또한, 자녀의 성장과 노력에 주목하면서 칭찬하는 것은 자녀의 자아 존중감을 증진시킵니다. "넌 정말 똑똑해지고 있구나!"와 같은 개인적이고 긍정적인 칭찬은 자녀가 자신을 소중하게 여기게 만들어 줍니다.

칭찬은 학습코칭에서 중요한 부분을 차지하며, 자녀를 공부 잘하는 자녀로 키우기 위해 효과적으로 활용되어야 합니다. 칭찬은 자녀의 기분을 높이고 자신감을 부여하는 동시에 가정 내 분위기를 긍정적으로 유지하며, 자녀와의 소통을 강화하는 효과를 가지고 있습니다. 적절하게 이루어지는 칭찬은 자녀의 학습태도와 성과에 긍정적인 영향을 미쳐, 지속적인 성장과 발전을 도모합니다.

자녀와 함께 그리는 미래, 코칭의 꽃은 목표 설정

목표가 있는 아이와 목표가 없는 아이, 그리고 목표가 구체적이지 않은 아이와 구체적인 목표를 가진 아이 간에는 학업 성적에서 차이가 발생할 수 있습니다. 이러한 차이를 줄이고 아이의 성적 향상을 도모하기 위해서는 가정에서 엄마가 학습코칭을 통해 아이의 목표를 구체화하고 공유하는 것이 중요합니다.

먼저, 목표가 있는 아이는 학업에 대한 방향과 목적을 가지게 됩니다. 목표를 가진 아이는 노력의 방향성을 알고 있기 때문에 자연스럽게 더 효과적으로 학습하고 성과를 내기 위해 노력하게 됩니다. 반면 목표가 없는 아이는 학습에 대한 동기부여가 부족해지며 자발적인 노력이 부족할 수 있습니다. 목표가 구체적이지 않은 아이는 불확실한 방향으로 노력하게 되어 성과를 내기 어려워집니다.

엄마가 학습코칭을 통해 목표를 세우고 이를 구체화하면, 아이는 무엇을 어떻게 달성해야 하는지 명확하게 이해하게 되어 목표를 향해 더 집중하고 효과적으로 노력할 수 있습니다. 또한, 목표가 구체적인 아이는 엄마와 공유한 목표를 토대로 학습에 대한 책임감을 느끼게 됩니다.

엄마와의 목표 공유를 통해 아이는 자신의 성과에 대한 책임을 느끼게

내 아이를 글로벌 리더로 키우는 엄마표 학습코칭

되어 더욱 열심히 노력하게 됩니다. 반면 목표가 공유되지 않은 아이는 독립적인 학습 태도를 형성하기 어려워 학습에 소극적일 수 있습니다. 가정에서 엄마가 학습코칭을 통해 아이의 목표를 구체화하고 공유하는 것은 아이의 학습 동기를 높이고 학업 성취를 촉진하는 데 도움이 됩니다.

목표를 설정함으로써 자녀들은 자신의 강점과 약점을 파악하고, 새로운 도전을 하는 데 기반을 제공받습니다. 목표 설정이 중요한 이유 중 하나는 그것이 자녀들의 학습을 방향성 있게 이끌어 주기 때문입니다. 명확하게 정의된 목표는 자녀들이 어떤 방향으로 나아가야 할지를 안내하고, 그에 따라 학습 계획을 세우는 데 도움을 줍니다.

코칭에서 목표 설정은 상대방이 원하는 변화를 이루기 위한 핵심 요소 중 하나입니다. 목표는 구체적이어야 합니다. 목표를 구체화함으로써 자녀는 어떤 변화가 필요한지 명확하게 이해하게 되고, 그에 따른 행동 계획을 수립할 수 있습니다. "공부를 잘하겠다"와 같이 모호한 목표보다는 "수학 시험에서 A등급을 받겠다"와 같이 구체적이고 명확한 목표가 설정되어야 합니다. 이렇게 목표를 구체화함으로써 자녀는 자신의 노력과 행동이 어떤 방향으로 나아가야 하는지 정확히 파악할 수 있습니다.

또한, 목표는 측정 가능해야 합니다. 목표를 측정 가능하게 설정함으로써 자녀는 자신의 진척 상황을 정량적으로 파악할 수 있습니다. 이는 자녀가 목표를 달성하기 위한 중간 단계를 세우고, 그 단계에 도달할 때마다 성취감을 느낄 수 있도록 도와줍니다. 예를 들어, "수학 시험에서 A등급을 받기 위해 하루에 수학 문제를 30개씩 풀겠다" 또는 "한 주 동안 매일 1시간씩 공부하겠다"와 같이 구체적이며 일정을 정량화할 수 있는 목표는 자녀에게 더 많은 동기부여를 제공합니다.

목표 설정은 자녀의 학습에서만 중요한 것이 아니라, 삶 전반에 걸쳐 의미 있는 도전과 성장을 이끌어 내기 위한 필수적인 스킬입니다. 목표의 중요성을 이해하고 목표를 구체적으로 설정하는 것은 자녀의 미래를 위한 훌륭한 기반을 마련하는 데 큰 도움을 줄 것입니다. 부모는 자녀의 목표를 함께 고민하고 도움을 주어, 자녀가 자기주도적으로 목표를 이루고 성공하는 데 도움이 될 수 있습니다.

목표의 공유는 아이의 학습 동기와 책임감을 향상시키며, 구체적인 목표는 아이가 효과적으로 계획하고 노력할 수 있는 기회를 제공합니다. 따라서, 엄마의 학습코칭은 아이의 학업 성적 향상뿐만 아니라 학습 습관과 자기관리 능력을 향상시킬 수 있는 중요한 역할을 합니다.

잘하는 것은 장점으로, 장점은 더욱 탁월함으로

우리는 자녀들이 강점을 가진다면 그것이 미래에 더 큰 성취로 이어질 수 있음을 알고 있습니다. 우리가 고려해야 할 것은 아이가 이미 가지고 있는 강점을 찾아내어 더욱 발전시키는 것이 얼마나 중요한지입니다. 자녀의 강점을 발견하는 것은 그들의 독특한 능력과 장점을 이해하고, 그것을 존중하는 것으로부터 시작됩니다.

가정에서 엄마가 자녀의 학습을 촉진하기 위해 학습코칭을 적용하는 것은 많은 부모들이 선택하는 전략 중 하나입니다. 학습코칭의 핵심은 자녀의 강점을 파악하고, 이를 향상시켜 더욱 탁월하게 발전시키는 것에 있습니다. 이는 자녀가 보다 즐겁게 학습하며 긍정적인 성과를 이룰 수 있도록 돕는 중요한 방법 중 하나입니다.

먼저, 자녀의 강점을 정확하게 파악하는 것이 중요합니다. 강점은 자녀가 특별히 잘하는 부분이며, 이는 다양한 활동이나 상황에서 나타날 수 있습니다. 엄마는 자녀의 일상적인 행동, 관심사, 놀이, 그리고 학업에서 나타나는 성취 등을 지속적으로 관찰하고 인식해야 합니다. 이를 통해 자녀의 장점과 특기를 정확히 이해할 수 있습니다.

자녀의 강점을 발견하는 것은 그들이 더불어 즐겁게 성장하고, 자신을 긍정적으로 인식하는 데 큰 영향을 미칩니다. 강점을 알게 된 엄마는 이를 적극적으로 활용하여 자녀의 학습 환경을 개선하고, 자녀 스스로에게 자신감을 불어넣을 수 있습니다. 또한, 자녀의 강점을 향상시키기 위해 다양한 경험을 제공하는 것이 중요합니다. 예를 들어, 자녀가 특정 과목이나 분야에서 흥미를 보인다면, 관련 도서를 제공하거나 관련 활동을 유도하여 깊이 있는 학습을 할 수 있도록 돕는 것이 좋습니다. 자녀가 특별히 잘하는 부분에서 성취감을 느끼게 되면, 학습에 대한 긍정적인 태도가 자연스럽게 형성되기 때문입니다.

그리고, 엄마는 자녀의 장점을 존중하고 격려하는 태도를 유지해야 합니다. 자녀가 잘하는 부분에 대한 긍정적인 피드백은 자녀의 자존감을 높이고 학습 동기를 촉진합니다. 부정적인 경험보다 긍정적인 경험이 더 많으면, 자녀는 자신의 능력에 대한 자신감을 가지고 미래의 도전에 대해 더욱 적극적으로 대처할 수 있게 됩니다. 물론, 자녀의 약한 부분이나 부족한 부분을 보완하는 것도 중요합니다. 그러나 이러한 보완은 자녀의 학습 경험을 부정적으로 만들지 않고, 긍정적인 흐름을 유지하면서 이루어져야 합니다.

자녀가 자신의 특기와 장점을 알아 가며 더불어 성장하는 경험은 학습에 대한 즐거움과 자신감을 부여합니다. 엄마가 이러한 관점을 가지고 자녀의 강점을 존중하며 키워 나가면, 자녀는 긍정적이고 특출난 능력을 발휘할 수 있는 성인으로 거듭날 것입니다.

자녀의 지속적인 실천은 엄마와 자녀의 파트너십으로

우리는 자녀가 성장하기 위해서는 지속적인 노력과 실천이 필요하다는 사실을 알고 있습니다. 하지만 이러한 지속적인 성장을 이끌어 내기 위해서는 엄마와 자녀 간의 파트너십이 중요합니다. 파트너십은 자녀가 스스로의 능력을 발전시키는 데 있어서 필수적인 도구로 작용하며, 엄마들이 자녀에게 지속적인 동기부여와 지원을 제공하는 토대가 됩니다. 가정에서 엄마가 자녀에게 학습코칭을 적용하는 과정에서, 지속적인 노력과 실천은 핵심적인 역할을 합니다. '구슬이 서 말이어도 꿰어야 보배가 된다.'는 속담에서 드러나는 것처럼, 목표를 설정하고 계획을 세웠다 하더라도 그것을 지속적으로 실천하지 않으면 그 어떤 성과도 얻을 수 없습니다. 특히, 자녀의 학습에서는 작심삼일이나 의지박약과 같은 문제가 발생하기 쉽기 때문에, 엄마가 지속성을 갖고 학습코칭을 이끌어 나가는 것이 중요합니다.

자녀의 학습에 있어 지속성은 목표 달성을 위한 핵심 특성입니다. 목표를 이루기 위해서는 계획을 수립하고 실천하는 것이 필요하지만, 이러한 노력을 오랜 기간 동안 유지하기 위해서는 지속성이 필수적입니다. 자녀가 어떠한 학습 목표를 가지고 시작하더라도, 이를 지속적으로 실천하지 않으면 성과를 이루기 어렵습니다. 따라서 엄마는 자녀에게 목표 달성의 중요성과 이를 위한 지속적인 노력의 필요성을 인지시키고 함께 실천해 나가야 합니다.

자녀의 학습에는 즉각적인 성과가 나타나지 않는 경우가 많습니다. 이는 공부와 학습이 시간이 지나야 발현되는 것이기 때문입니다. 지속성이 부족한 경우, 자녀는 어려움에 직면할 때마다 포기하게 되고, 그로 인해 미래의 성과를 놓치게 될 수 있습니다. 엄마는 자녀에게 지속성의 중요성을 가르치면서 어려움에 부딪혔을 때 포기하지 않고 꾸준한 노력을 통해 성장하는 경험을 할 수 있도록 도와야 합니다.

학습에서의 성취는 작은 단계들의 누적입니다. 자녀가 어떤 목표를 이루려고 할 때, 큰 목표를 작은 단계로 나누어 진행하는 것이 효과적입니다. 이 작은 성과들이 누적되어 큰 목표를 이루게 됩니다. 하지만, 이 작은 성취들을 지속적으로 이루어 나가려면 지속성이 필수적입니다. 엄마는 자녀에게 목표를 달성하기 위해 작은 단계들을 꾸준히 이루는 것이 얼마나 중요한지를 알려 주고, 이를 위한 계획을 수립하며 동시에 지속적인 노력을 지원해야 합니다.

이는 학습에 대한 긍정적인 태도를 형성하고, 자녀가 미래의 도전에 대해 더욱 자주적이고 긍정적으로 대처할 수 있도록 돕습니다. 자녀의 학습에서는 지속적인 실천이 가장 중요한 열쇠입니다. 목표를 설정하고 계획을 수립하는 것도 중요하지만, 그 목표를 지속적으로 실천하고 이루어 나가는 것이 성과를 이루는 길입니다.

내 아이를 글로벌 리더로 키우는 엄마표 학습코칭

학습코칭의 새로운 대화 혁신, GROW 코칭대화모델

코칭대화모델 중에 코치들이 가장 많이 사용하는 대화모델이 GROW 코칭대화모델입니다. 누구나 쉽게 사용할 수 있는 대표적인 GROW 코칭 대화모델을 가정에서 적용하는 것이 어떻게 혁신적인 자녀 성장을 이끌어 낼 수 있는지에 대해서 소개해 드리겠습니다.

GROW 코칭대화모델은 목표 설정과 성취, 자아 성장, 문제 해결에 중점을 둔 대화모델로, 엄마들이 자녀들과 소통하는 데 적용할 수 있는 강력한 도구입니다. GROW 코칭대화모델은 자녀들과의 대화를 보다 의미 있게, 방향성 있게 이끌어 낼 수 있는 도구로서 엄마들에게 새로운 시각을 제공합니다. 엄마들이 자녀들에게 더 나은 질문을 던지고, 그들이 자신의 목표를 설정하고 달성하는 데 도움을 주는 것은 자녀들의 성장에 긍정적인 영향을 미칩니다.

GROW 코칭대화모델은 목표 달성과 성장을 돕기 위한 효과적인 코칭 기법으로, 목표를 설정하고 이를 실현하기 위한 계획을 수립하는 네 가지 단계로 구성됩니다. GROW는 목표 설정(Goal), 현실 파악(Reality), 대안 선택(Options), 그리고 실행의지(Will)라는 각각의 요소를 나타냅니다. 가정에서 엄마가 이 모델을 활용하여 자녀에게 학습코칭을 제공하는 과정을 살펴보겠습니다.

목표 설정(Goal)

가정에서 엄마가 학습코칭을 시작할 때, 첫 번째 단계는 목표를 설정하는 것입니다. 엄마는 자녀와 함께 어떤 목표를 이루고 싶은지 명확히 정의하고 공유합니다. 예를 들어, "수학 시험에서 A등급을 받기"나 "독서량을 늘리기 위해 일주일에 책 한 권을 끝내기"와 같은 구체적이고 측정 가능한 목표를 설정합니다. 목표는 자녀의 관심과 욕구를 반영하면서 동시에 현실적이고 달성 가능한 수준으로 설정되어야 합니다.

현실 파악(Reality)

두 번째로, 엄마는 현실 파악 단계에서 자녀의 현재 상황을 자세히 이해하려고 노력합니다. 이는 자녀가 어떤 능력과 자원을 가지고 있는지, 현재까지의 노력과 성과는 어떤지 등을 파악하는 과정입니다. 엄마는 열린 마음과 존중의 자세로 자녀의 이야기를 듣고, 자녀가 스스로 자신의 상황을 어떻게 평가하는지를 이해합니다. 현실 파악은 객관적인 사실뿐만 아니라 자녀의 감정과 태도도 중요하게 고려됩니다.

예시: "수학 시험에서 어떤 부분이 어려웠나요? 독서할 때 집중이 잘 안 되는 이유가 뭔가요?"

대안 탐색(Options)

다음으로, 엄마는 자녀와 함께 목표를 달성하기 위한 다양한 선택지를 모색합니다. 이는 자녀가 어떤 방식으로 목표를 이룰지에 대한 아이디어를 모으는 과정입니다. 엄마는 자녀에게 여러 가지 해결책을 제안하고, 자녀 스스로도 가능한 해결책을 제시하도록 유도합니다. 이는 자녀의 창의성과 책임감을 촉진하며, 목표에 대한 다양한 접근 방법을 탐색합니다.

예시: "수학 시험을 준비하는 데 어떤 방법이 효과적일 것 같아요? 독서 시간을 늘리기 위해 어떤 계획을 세울 수 있을까요?"

실행의지(Will)

마지막으로, 엄마와 자녀는 실제로 선택한 해결책을 추진하기 위한 실행의지를 구축합니다. 이는 자녀가 목표를 달성하기 위해 필요한 노력과 행동 계획을 세우는 단계입니다. 스스로 실행의지를 높이는 질문으로 무엇을, 언제부터 언제까지, 실천하는 데 예상되는 어려움, 극복방법, 스스로 점검할 수 있는 방법까지 스스로 생각하게 함으로써 책임 의식을 고취시키는 것이 중요합니다.

PART
4

쉽게 따라 할 수 있는
학습코칭 사례

실천하기

실천하지 않으면 아무것도 이룰 수 없습니다. 내 아이를
미래의 주인공으로 만들기 위해서 실천하기

게임을 통한 수학의 세계

엄마는 주사위를 활용하여 숫자의 크기 비교, 덧셈, 뺄셈을 아이들에게 가르치고 있습니다. 주사위를 던지고 나온 숫자를 통해 아이들은 숫자의 크기를 비교하고, 덧셈과 뺄셈 연산을 경험하며 놀이 속에서 수학의 세계로 자연스럽게 녹아 들어가게 됩니다. 이러한 놀이적인 방법을 통해 아이들은 수학의 기초 개념을 쉽고 재미있게 익히며, 문제 해결 능력과 수학적 사고력을 자연스럽게 키울 수 있게 됩니다.

동화책을 통한 지식의 확장

동화책을 통해 다양한 주제의 지식을 확장하고 있었습니다. 엄마는 자녀들에게 과학, 역사, 동물 등 다양한 주제의 책을 선정하여 읽어 주며 자녀들의 호기심을 자극하고 있었습니다. 동화책을 통한 이야기 나누기는 지식의 기반이 되며, 자녀들은 자연스럽게 학습에 흥미를 갖게 되었습니다.

이야기 창작의 즐거움

엄마는 이야기 창작을 통해 자녀가 상상의 나래를 펼치도록 함께 이야기를 만듭니다. 엄마는 자녀와 함께 주제를 정하고 각자가 이야기의 일부를 만들어 가는 방식으로 창작을 진행합니다. 이 과정에서 자녀는 자신만의 독특한 이야기를 창조하고 언어 능력을 향상시키는 즐거운 경험을 얻습니다. 이런 활동은 자녀의 언어 발달과 창의성을 동시에 촉진하여 학습의 즐거움을 경험할 수 있는 효과적인 방법입니다.

음악과 리듬의 마법으로 창의성 발달

음악과 리듬을 활용하여 자녀의 감각과 창의력을 증진시킬 수 있습니다. 간단한 악기를 활용하거나 몸으로 리듬을 따라가면서, 자녀는 음악의 매력에 빠져들었고 창의적인 표현을 경험할 수 있습니다.

엄마와 함께하는 오감 놀이

엄마는 일상생활에서 자녀의 오감 능력을 향상시키기 위해 다양한 게임을 활용합니다. 일상 속에서 시각, 청각, 후각, 미각, 감각을 활용하는 활동을 제안하여 자녀들의 감각을 민감하게 발달시킵니다.

시각적 게임은 가족과 함께 색깔 찾기, 숨은 그림 찾기, 시각적 퍼즐 등의 게임을 통해 시각 감각을 강화합니다.

청각적 게임은 소리 맞히기, 소리로 이야기 만들기, 음악 청취 등을 통해 집중력을 키우고 청각적 감각을 키웁니다.

후각과 미각 게임은 각종 식재료를 활용한 향기 맞히기, 음식 맛보기, 미각 퀴즈 등을 통해 후각과 미각을 발달시키고 식문화에 대한 이해를 높입니다.

감각적 게임은 장애물 코스를 통과하거나 특정 동작을 따라 하는 활동을 통해 다양한 감각을 통합하여 운동 능력과 협응성을 향상시킵니다.

가족과 함께하는 자연 체험

가족과 함께 산, 강가 등에서 자연 체험을 즐기면, 강물 소리를 듣고 돌멩이로 놀면서 강물의 굴러가는 모습을 관찰합니다. 이러한 활동을 통해 아이들은 자연의 흐름과 조화로움을 체험하며, 강물이 갖는 생명력과 에너지에 대한 이해를 얻게 됩니다. 이러한 체험은 가족들 간의 유대감을 증진하며, 자연에 대한 경각심을 함양하는 데 큰 도움이 됩니다.

캠프파이어에서 이야기 나누기

가족들이 모여 캠프파이어를 켜고, 나무에서 나오는 향기와 모닥불 장작이 타는 소리를 함께 즐깁니다. 이곳에서 엄마는 자연에서의 삶과 소통, 서로에게 전해지는 이야기를 통해 미취학 자녀들에게 자연의 소중함을 전하고자 합니다.

퍼즐 놀이로 수학적 논리력 강화

퍼즐과 보드게임을 활용하여 아이의 논리력과 패턴을 이해하고 문제를 해결하는 능력을 키우는 수학적 놀이를 소개합니다. 엄마는 아이와 함께 다양한 형태의 퍼즐이나 전략적인 보드게임을 선택하고, 게임을 즐기면서 규칙에 따라 논리적인 사고와 패턴을 연습합니다. 이를 통해 아이들은 문제를 해결하고 전략을 세우는 과정에서 수학적 사고력을 발전시키게 되며, 놀이를 통한 학습 경험을 즐길 수 있습니다.

화폐 놀이로 돈 관념 익히기

엄마와 아이가 함께 가게 놀이를 즐기면서, 돈의 개념을 소개하고 물건을 살 때 계산하는 과정을 통해 수학적 사고와 돈의 중요성을 이해하게 합니다. 엄마는 가게에서 물건을 고르고 가격을 확인하며 아이에게 돈의 가치, 지불 방법, 거스름돈 계산 등을 알려 줍니다. 이를 통해 아이들은 수학적 사고를 향상시키면서 동시에 돈에 대한 기초적인 경제 교육을 받게 되어 현실 세계에서의 돈의 중요성을 이해하게 됩니다.

동물 소리를 따라 하는 노래 시간

엄마는 아이들과 함께 동물 소리를 따라 하는 노래 시간을 가졌습니다. 이 활동을 통해 아이들은 동물의 특징을 음악적으로 표현하며 학습의 재미를 느낄 수 있습니다. 동물 소리를 따라 하는 것은 아이들의 청각 감각을 활용하면서 동시에 음악적 요소와 동물에 대한 지식을 결합해 즐겁게 학습하는 경험을 제공합니다. 이로써 아이들은 학습의 즐거움을 느끼며 동물에 대한 흥미를 자연스럽게 키울 수 있습니다.

동물 그림책을 활용한 창의적인 그림 그리기

엄마는 아이들과 함께 동물 그림책을 읽으면서, 아이들은 동물을 그리고 이야기를 만들어 내는 창의적인 과정을 통해 학습의 즐거움을 느낄 수 있습니다. 책의 이야기를 바탕으로 자유롭게 동물을 그리고 각자의 상상력을 발휘하여 독창적인 이야기를 만들어 냅니다. 이는 아이들의 미술적 능력뿐만 아니라 상상력, 언어 능력, 창의성을 촉진하면서 함께하는 즐거운 학습 경험을 제공합니다.

엄마와 함께 동물 레고 놀이로 창의적인 세계 만들기

엄마와 아이가 함께 동물 레고 놀이를 즐기면, 아이들은 동물의 서로 다른 특징을 이해하고 창의적인 세계를 만들어 갑니다. 레고 놀이를 통해 아이들은 동물의 생태학, 생김새, 특징 등을 자유롭게 탐험하면서 동시에 창의성과 문제 해결 능력을 향상시킵니다. 이는 학습의 즐거움과 함께 상상력과 협력의 중요성을 배우게 하는 유익한 활동입니다.

초등학교 이상 자녀의 학습에 대한 동기부여 사례

가정에서 성과에 대한 상장 수여로 성취감 고취

가정에서 자녀에게 성과에 대한 상장을 수여하여 성취감을 경험하게 하는 것은 학습에 대한 동기를 높일 수 있는 효과적인 방법입니다. 엄마는 자녀가 특정 목표를 달성하거나 어떤 노력을 기울였을 때, 그 성과를 칭찬하고 상장으로 인정하는 제도를 도입합니다. 이 상장은 자녀에게 자부심과 성취감을 제공하며, 학습에 대한 긍정적인 태도를 유도합니다. 또한, 자녀가 스스로 목표를 설정하고 노력하는 습관을 갖도록 장려하고, 이를 통해 지속적인 학습 동기를 유지할 수 있습니다.

가족이 함께하는 봉사활동으로 다양성과 이해의 폭 넓히기

가족이 함께하는 봉사활동을 통해 자녀들은 다양한 배경의 사람들과 소통하면서 세계의 다양성에 대한 이해를 넓힐 수 있습니다. 엄마는 가족과 함께 지역 사회나 국제적인 봉사 프로젝트에 참여하여 다양한 사회적 문제에 직면하고, 협력과 소통을 통해 해결책을 찾는 경험을 제공합니다. 이를 통해 자녀들은 서로 다른 문화, 신념, 경험을 가진 사람들과 함께 일함으로써 편견 없는 시각과 상호이해를 갖게 되며, 세계적인 시민으로 성장할 수 있습니다.

엄마와 함께 실제로 만나는 역사의 산증인

엄마와 함께 박물관에서 고고학적 발굴 현장을 관람하는 것은 자녀들에게 역사의 중요성을 실감하게 하고 학습에 대한 흥미를 느낄 수 있는 좋은 기회입니다. 발굴 현장에서 실제 유물을 보며 역사의 살아 있는 증거를 목격하면서, 자녀들은 지난 시대의 문화와 생활을 직접 경험하게 됩니다. 이러한 체험은 자녀들이 역사를 추상적인 개념이 아닌 현실적이고 흥미로운 경험으로 여기게 하여 학습에 대한 긍정적인 태도를 유도할 수 있습니다.

전문가와의 만남 중재자 역할

엄마는 자녀가 전문가와의 만남을 통해 다양한 직업을 간접적으로 경험하도록 중재자 역할을 수행합니다. 전문가들과의 인터뷰, 현장 방문 등을 통해 자녀들은 실제 업무 환경과 업무 특성을 직접 체험하며, 다양한 직업에 대한 흥미와 이해를 높이게 됩니다. 이는 자녀들이 진로에 대한 목표를 설정하고 적절한 교육 경로를 선택하는 데 도움이 됩니다.

엄마와 함께하는 대학 캠퍼스 투어

대학 캠퍼스 투어는 자녀들이 다양한 전공과 학문 분야를 직접 체험하고, 대학 생활에 대한 현실적인 기대를 형성하는 중요한 경험입니다. 엄마는 이를 통해 자녀들의 진로 선택과 대학 생활에 대한 이해를 도울 수 있습니다.

먼저, 엄마는 여러 대학 캠퍼스를 방문하여 자녀들에게 다양한 전공 분야와 학문적 활동을 소개합니다. 다양한 강의, 실험실, 도서관, 예술 공간 등을 직접 보면서 자녀들은 각 전공의 특징과 대학 생활의 다양한 측면을 경험할 수 있습니다. 이러한 캠퍼스 투어를 통해 자녀들은 다양한 전공과 분야를 경험하면서 자신의 흥미와 성향에 맞는 진로를 선택하는 데 도움을 받을 수 있으며, 대학 생활에 대한 현실적인 기대를 형성할 수 있습니다.

부모와 함께하는 스포츠를 통해 리더십 경험

부모와 함께하는 스포츠나 동아리 활동을 통해 자녀들은 다양한 능력을 기를 수 있습니다. 예를 들어, 가족이 함께 참여하는 스포츠에서는 리더십과 팀워크를 배울 수 있습니다. 엄마와 아빠가 모범을 보이고 팀원들과 협력하며 경기를 진행함으로써 자녀들은 리더가 되거나 팀원으로서 역할을 수행하는 법을 익힙니다. 이러한 활동들은 자녀들이 자신의 강점과 관심사를 발견하고, 동시에 리더십, 팀워크, 문제 해결 능력 등의 중요한 기술을 키우는 데에 도움이 됩니다. 부모의 지속적인 참여는 가족 간의 유대감을 높이고, 함께 능력을 기르는 즐거운 시간으로 이어질 수 있습니다.

가정에서 배우는 비상 상황 대비훈련

엄마는 가정에서 비상 상황 대비훈련을 통해 자녀들이 예기치 못한 상황에서도 냉정하게 문제를 해결하는 능력을 키울 수 있습니다. 먼저, 엄마는 가족 구성원들과 함께 비상 대피 경로, 모이는 장소, 연락 수단 등을 정의하고 공유합니다. 가정에서의 소박한 화재 대피나 지진 대피 연습을 통해 자녀들이 실제 상황에서도 안전한 행동을 습득할 수 있습니다. 이렇게 함으로써 자녀들은 가정 내에서 발생할 수 있는 다양한 위험 상황에 대비하고, 예기치 못한 상황에서도 냉정하게 대처하는 자신감을 키울 수 있습니다.

사회적 네트워킹 기회를 제공

엄마는 협동학습을 통해 자녀들이 새로운 친구들과의 관계를 형성할 수 있도록 사회적 네트워킹 기회를 적극적으로 제공할 수 있습니다. 먼저, 엄마는 자녀들에게 다양한 협동학습의 이점과 장점을 설명하고, 그들이 함께 공부하고 의견을 나눌 수 있는 환경을 조성합니다. 학습 그룹이나 프로젝트에 참여하도록 유도하며, 공동의 목표를 향해 협력하고 소통하는 데에 중점을 둡니다. 엄마는 다양한 활동을 통해 자녀들이 다른 학생들과 소통하고 협력할 수 있는 기회를 제공하여 친구들과의 관계를 발전시키고 즐겁게 학습할 수 있도록 지원합니다.

학습의 유연성 향상을 위해 인터넷 강의와 교육 앱 정보력 키우기

엄마는 자녀의 학습의 유연성을 향상시키기 위해 인터넷 강의와 교육 앱을 적극적으로 활용하도록 추천해야 합니다. 먼저, 자녀의 학년과 관심 분야에 맞는 신뢰성 있는 인터넷 강의와 앱을 찾아내어 소개합니다. 이를 통해 자녀는 언제, 어디서나 편리하게 학습할 수 있습니다. 엄마는 다양한 주제와 학습 경로를 제공하여 자녀의 호기심과 창의성을 유발하고, 학습에 대한 즐거움을 증진시키는 데 기여합니다.

아이들이 싫어하는 엄마 유형을 통해 반면교사 삼기

지나치게 통제하는 엄마

아이의 모든 행동을 지나치게 통제하려고 하는 엄마는 아이의 독립성을 존중하지 않는 행동을 보이고 있습니다. 지나친 통제는 아이들이 자기 자신을 발견하고 독립적으로 성장하는 데 어려움을 줄 수 있습니다. 엄마는 적절한 통제와 지도를 통해 아이들의 안전을 보장하면서도, 독립성을 존중하고 발전시킬 수 있도록 지원해야 합니다.

과도한 기대를 갖는 엄마

지나치게 높은 성적이나 성과를 기대하며, 이를 달성하지 못할 때에 실망을 표현하는 엄마는 아이들에게 부담과 스트레스를 안겨 줄 수 있습니다. 엄마는 아이들의 노력을 존중하고, 실패에 대한 부정적인 감정이 아이들의 자아를 해치지 않도록 지원해야 합니다. 긍정적인 피드백과 함께 실패를 긍정적인 학습 기회로 바라보게끔 도와야 합니다.

지나치게 간섭하는 엄마

아이의 일에 지나치게 간섭하거나 개입하는 엄마는 아이의 개인 공간을 침범할 우려가 있습니다. 엄마는 아이들의 독립적인 경험을 존중하고, 실패와 성공을 통해 자신만의 학습 과정을 할 수 있도록 지원해야 합니다. 지나치게 간섭하면 아이들은 자신의 경험을 쌓는 데 어려움을 겪을 수 있고, 독립심과 책임감이 약화될 수 있습니다.

모든 것을 대신해 주려는 엄마

아이가 스스로 할 수 있는 것까지 대신해 주려는 엄마는 아이의 자립심을 약화시킬 수 있습니다. 아이는 도전과 실패를 통해 성장하고 자기 자신에 대한 믿음을 키우게 됩니다. 엄마는 아이의 노력을 격려하고 도움이 필요할 때 지원하되, 동시에 아이들이 스스로 문제를 해결하고 자립할 수 있도록 유도해야 합니다.

아이 성취에 대한 투자가 과도한 엄마

아이의 성취를 위해 지나치게 투자하며 압박을 주는 엄마는 아이들에게 과도한 기대와 스트레스를 부여할 수 있습니다. 지나치게 투자하면 아이들은 자신의 가치가 성취에만 의존하는 것처럼 느낄 수 있고, 실패에 대한 두려움과 부정적인 감정을 경험할 수 있습니다. 엄마는 아이의 노력을 존중하고 실패를 긍정적으로 받아들이며, 다양한 경험을 즐길 수 있는 환경을 제공해야 합니다. 너무 많은 압박은 아이의 자아 발전에 부정적인 영향을 미칠 수 있습니다.

자기중심적인 엄마

자신의 욕구와 만족을 중시하며 아이의 입장을 고려하지 않는 엄마는 아이들에게 무시당함과 감정적 거리를 느끼게 할 수 있습니다. 아이들은 양방향 소통과 공감을 통해 자신을 이해받고 존중받아야 합니다. 엄마가 자신의 욕구만을 중시하면 아이들은 무시당하고 소외감을 느끼게 되며, 상호작용과 정서적 결손이 발생할 수 있습니다. 엄마는 자기중심적 태도를 바꾸고 아이들의 감정과 요구를 존중하며 상호적인 관계를 구축해야 합니다.

강요하는 엄마

아이에게 자신의 생각을 강요하고 의견을 무시하는 엄마는 아이들에게 자율성 및 독립적인 사고의 중요성을 배우지 못하게 할 수 있습니다. 엄마의 강요는 아이들이 자신의 의견을 표현하고 존중받을 기회를 제한하며, 부정적인 감정과 불만을 유발할 수 있습니다. 엄마는 아이의 의견을 듣고 존중하며, 개인적인 생각과 가치를 존중하면서 소통하는 환경을 조성해야 합니다.

잔소리하는 엄마

끊임없는 잔소리와 행동 감시는 아이들에게 스트레스와 불안을 유발할 수 있습니다. 엄마의 지속적인 감시는 아이들에게 신뢰와 자율성을 부여하지 않고, 마치 자신이 감시당하는 듯한 느낌을 줄 수 있습니다. 또한, 잔소리는 아이들이 자신의 판단과 능력에 대한 불안을 키울 수 있습니다. 엄마는 적절한 가이드와 긍정적인 피드백을 통해 자녀의 성장과 독립을 존중하고 지원해야 합니다.

무시하는 엄마

아이의 의견을 무시하고 존재를 무시하는 엄마는 아이들에게 불안과 무력감을 느끼게 할 수 있습니다. 아이들은 자신의 의견과 존재가 중요하게 여겨질 때 자아 계발과 자신감 형성에 도움을 받을 수 있습니다. 엄마가 무시하는 행동은 아이들이 소통의 중요성을 배우지 못하게 하고, 정서적 결핍을 초래할 수 있습니다. 엄마는 아이들의 의견을 존중하고 상호작용을 통해 양방향 소통을 증진시켜야 합니다.

감정적인 엄마

아이에게 감정적인 대응이 과도하고 화를 내는 엄마는 아이들에게 불안과 무력감을 줄 수 있습니다. 감정적인 불안은 아이들의 안정된 성장과 발달을 방해할 수 있으며, 엄마의 화를 통한 표현은 부정적인 감정을 전파할 수 있습니다. 대신에 엄마는 감정을 제어하고 이해하는 자세를 통해 아이들에게 안전하고 지지적인 환경을 제공해야 합니다. 공감과 이해로써 감정적인 연결을 증진시키는 것이 중요합니다.

무관심한 엄마

아이에게 무관심하고 시간만 채우는 행동은 아이들의 감정적인 필요성을 무시하고 자아 계발을 저해할 수 있습니다. 부족한 관심은 아이들이 안전하게 성장하고 발달하는 데에 제한을 둘 수 있습니다. 엄마는 아이들과 소통하고, 감정적인 지원을 통해 자녀의 성장에 대한 관심을 표현해야 합니다. 무관심은 아이들의 자아 계발에 부정적인 영향을 미칠 수 있으며, 건강한 부모-자녀 관계의 기반을 흔들 수 있습니다.

내 아이를 글로벌 리더로 키우는 엄마표 학습코칭

독재적인 엄마

아이의 자유를 억압하고 행동을 지나치게 통제하는 엄마는 아이들에게 감정적인 부담과 무력감을 안겨 줄 수 있습니다. 자율적인 경험을 통해 아이는 스스로 자신을 발견하며 성장해 나갈 수 있지만, 강압적인 통제는 이러한 과정을 방해할 수 있습니다. 엄마는 아이의 독립과 자유를 존중하며, 적절한 지도와 조언을 통해 자녀의 발전을 지원해야 합니다. 무조건적인 통제는 아이의 자아 발전에 부정적인 영향을 미칠 수 있습니다.

일관성이 없는 엄마

일관성이 없는 태도를 보이는 엄마는 아이들에게 혼란과 불안을 줄 수 있습니다. 아이들은 일관된 기준이 없으면 행동을 예측하기 어려워하며, 이는 정체성과 안정감을 형성하는 데에 방해가 됩니다. 또한 엄마의 일관성 없는 태도는 아이들이 행동에 대한 안정된 기준을 찾기 어려워져 자기조절 능력이 저하될 수 있습니다. 일관성 있는 가이드라인을 제공하고, 행동에 대한 일관된 기대를 전달하는 것이 중요합니다.

칭찬에 인색한 엄마

칭찬은 자녀의 성장과 자신감 형성에 중요한 역할을 합니다. 엄마가 아이의 노력과 성취를 인정하지 않으면, 아이는 자신의 가치를 제대로 인식하지 못하고 무력감을 느낄 수 있습니다. 엄마는 긍정적인 피드백을 통해 자녀의 노력과 성공을 인정하고, 자신감을 높이도록 도움을 주어야 합니다.

비교하는 엄마

아이를 다른 아이와 비교하며 자존감을 낮추는 엄마는 아이들에게 경쟁과 비교에서 나오는 압박을 가하게 됩니다. 이는 아이들의 개인성과 능력을 무시하고 자신을 부정적으로 느끼게 만들 수 있습니다. 엄마는 자녀의 독특한 능력을 존중하고 긍정적으로 강조함으로써, 자아 존중감을 높이는 지원이 필요합니다. 아이들은 자신만의 강점을 찾아 성장하고 발전할 수 있도록 도움이 필요합니다.

강요하는 공부

강제적인 학습은 아이들의 학습 동기를 떨어뜨리고, 긍정적인 학습 경험을 망칠 수 있습니다. 엄마가 강제로 공부를 시키면 아이들은 학습에 대한 부정적인 감정을 품을 수 있으며, 흥미를 잃고 동기가 저하될 수 있습니다. 아이들은 자연스럽게 학습하며 즐기는 경험을 통해 더 효과적으로 성장할 수 있습니다. 엄마는 학습을 긍정적인 경험으로 만들어 자녀의 동기를 존중하고 지원해야 합니다.

강요하는 독서

강제적인 책 읽기는 아이들의 독서 경험을 부정적으로 만들 수 있습니다. 아이들은 자연스럽게 흥미를 느끼고 즐기며 독서 습관을 형성해야 합니다. 강제로 책을 읽히면 아이들은 독서에 대한 부정적인 연관을 갖게 되며, 독서를 강제로 해야 하는 부담을 느낄 수 있습니다. 엄마는 아이들의 독서 취향을 존중하고, 흥미로운 책과 활동을 통해 독서를 즐겁게 만들어 나가야 합니다.

강요하는 취미

강제로 취미를 강요하는 엄마는 아이의 개성과 취향을 무시하며, 아이들에게 부담을 줄 수 있습니다. 취미는 개인의 흥미와 열정에 기반하므로, 강제로 선택한 취미는 아이의 창의성과 흥미를 억제할 수 있습니다. 엄마는 아이의 취향을 존중하고, 다양한 활동을 시도하면서 자연스럽게 자신만의 즐거운 취미를 발견하도록 도와야 합니다. 이를 통해 아이는 자기 발견과 성장을 경험할 수 있습니다.

강요하는 운동

강제적인 운동 강요는 아이들의 체력과 운동에 대한 긍정적인 경험을 저해할 수 있습니다. 엄마가 강제로 운동을 강요하면 아이들은 스트레스를 느끼고 체력 향상 대신 부정적인 경험을 할 수 있습니다. 아이들은 적절한 운동을 통해 건강한 신체와 긍정적인 자아 이미지를 형성해야 합니다. 엄마는 아이들이 즐기는 활동을 통해 운동 습관을 자연스럽게 유도하고, 긍정적인 운동 경험을 통해 체력과 건강을 증진시키는 방향으로 지원해야 합니다.

강요하는 식습관

강제적인 식습관 강요는 아이들의 자율성과 건강에 부정적인 영향을 미칠 수 있습니다. 아이들은 자연스럽게 선호하는 음식을 통해 영양을 얻으며 성장하고 발달해야 합니다. 엄마가 강제로 식습관을 강요하면 아이들은 음식에 대한 부정적인 감정과 스트레스를 느낄 수 있으며, 오히려 영양 섭취가 부족해질 수 있습니다. 엄마는 아이들의 식문화를 존중하고,

건강한 식습관을 함께 형성하는 과정을 존중하며 지원해야 합니다.

강요하는 수면

강제적인 수면 강요는 아이들의 자율성과 신체적 발달에 부정적인 영향을 미칠 수 있습니다. 아이들이 자연스럽게 수면 패턴을 형성하고 휴식을 취함으로써 건강한 성장과 발달이 이루어집니다. 강제로 수면을 강요하면 아이의 스트레스 증가, 불안, 수면장애 등의 문제가 발생할 수 있습니다. 엄마는 아이의 수면 패턴을 존중하고 필요한 지원을 제공함으로써, 건강한 수면 습관을 형성하도록 도와야 합니다.

강요하는 친구 관계

강제로 친구 관계를 강요하는 엄마는 자녀들의 개인적 경험과 성장을 무시하며, 강제적인 사회적 상호작용은 아이들에게 부담과 스트레스를 안겨 줄 수 있습니다. 아이들이 원하지 않는 관계를 강요받으면 인간관계의 자율성이 상실되고, 감정적인 부담을 느끼게 될 수 있습니다. 엄마는 자녀들의 의사를 존중하고, 친구 관계를 자연스럽게 형성할 수 있도록 지원해야 합니다.

자녀의 학습 능력 향상에 도움이 되는 사례

자녀와 함께 교과서 미리 읽어 보기

자녀와 함께 교과서를 미리 읽으면 수업 전에 학습 내용을 미리 파악할 수 있습니다. 이는 수업 시간에 새로운 개념에 집중하고 더 나은 이해를 도울 수 있습니다. 함께 읽으면서 궁금한 점을 메모해 두면, 수업 중에 질문을 하거나 추가적인 설명을 받을 수 있습니다. 또한, 미리 공부한 내용을 토대로 자녀와 함께 토의하면서 상호작용을 높일 수 있어 학습 경험이 풍부해집니다. 이러한 활동은 자녀의 학습 참여도를 높이고 학습 관심을 유발하여 더 나은 학습 성과를 이끌어 내게 됩니다.

수업 내용 요약 확인하기

자녀가 집에 돌아오면, 수업 내용을 요약하여 정리하는 활동을 통해 학습을 강화할 수 있습니다. 자녀와 함께 수업에서 핵심적인 내용이 무엇인지 이야기하고, 각 주제별로 간결한 요약문을 작성합니다. 이를 통해 자녀는 학습 내용을 다시 되짚어 보고, 중요한 정보를 정확하게 기억하게 됩니다. 이러한 루틴은 자녀의 학습 습관을 향상시키고, 지속적인 학습 관심을 유지하는 데 도움이 됩니다. 함께 정리한 내용을 리뷰하면서 부모와 자녀 간 소통을 강화할 수 있습니다.

자녀와 함께 문제집 풀기

엄마와 함께 수업 복습을 강화하는 좋은 방법은 함께 문제집을 푸는 것입니다. 문제를 푸는 동안 부모는 자녀에게 집중력을 높이고 실력을 향상시킬 수 있는 다양한 도움을 제공할 수 있습니다. 문제 해결 중에 발생하는 어려움이나 궁금한 점에 대해 부모는 세심하게 설명하고 피드백을 주면서 자녀의 이해도를 높입니다. 이러한 활동은 학습을 즐기며 부족한 부분을 발견하고 보완하는 데 도움이 되어 자녀의 학습 경험을 더욱 풍부하게 만들 수 있습니다.

가정에서 함께 학습 동영상 시청하기

엄마는 주제에 따라 인터넷에서 찾은 교육적인 동영상을 선택하고, 자녀와 함께 집중적으로 시청합니다. 동영상 시청 후, 자녀에게 핵심 개념과 이해해야 할 내용을 물어보고 토론을 통해 심층적인 이해를 도모합니다.

부족한 부분은 공동으로 동영상을 다시 시청하며 집중적으로 이해를 시도하며 엄마는 자녀의 의견을 경청하고 함께 미숙한 부분을 발견하고 보완하는 방법을 찾아갑니다. 이러한 활동을 통해 자녀는 동영상을 활용하여 즐겁게 학습하고, 개인적인 학습 스타일에 맞춰 부족한 부분을 보완하는 능력을 키우게 됩니다.

자녀와 함께 학습 계획 세우기

엄마는 자녀와 함께 학습 계획을 세우고 예습과 복습을 체계적으로 하는 활동을 진행합니다. 매주 시작 전에 자녀와 학습 목표를 공유하고, 그에 따른 일정을 함께 만듭니다. 예습을 강조하기 위해 새로운 주제나 교재에 대한 사전 조사를 자녀와 함께 진행하며, 자녀에게 각각의 주제에 대한 관련 도서나 온라인 자료를 찾아보고 공유하며 사전 학습을 유도합니다.

복습은 과거에 학습한 내용을 되새겨 기억력을 강화하고 오래 기억에 남도록 하는 중요한 단계입니다. 엄마는 자녀와 함께 효과적인 복습 방법을 찾고, 그에 따른 학습 스케줄을 수립하여 자녀가 일정을 지키며 예습과 복습을 체계적으로 실천할 수 있도록 돕습니다.

가족이 함께하는 독서 모임 만들기

가족은 엄마의 주도하에 정해진 시간에 독서 모임을 합니다. 독서 시간에는 가족 구성원이 서로 자신이 선택한 도서를 읽고, 독서 후에는 서로 읽은 내용을 나누는 시간을 가지게 됩니다. 가족 구성원 각자의 관심사와 선호하는 도서를 고려하여 다양한 주제와 장르의 책을 골라 읽습니다. 이를 통해 언어 능력 향상과 지식 습득을 촉진하고, 가정 내에서 독서 문화를 만들어 줍니다.

독서 모임은 가족 구성원들 간의 소통과 이해를 증진시키게 되고, 이러한 활동은 가정에서 학습의 즐거움을 부각시키며, 지속적인 독서 습관 형성에 기여합니다.

가정을 최고의 학습 장소로 조성

엄마는 자녀가 집중하기 좋은 학습 환경을 조성하기 위해 노력합니다. 먼저, 가정 내에서 조용하고 평온한 분위기를 유지하고, 자녀가 공부에 집중할 수 있도록 방해 요소를 최소화합니다.

엄마는 자녀의 공부 시간에는 전자기기의 사용을 제한하고, 화면 시간을 조절하여 집중력을 높이는 데 주력합니다. 엄마는 자녀가 스스로 일정을 조절하고 계획을 세울 수 있도록 지도하며, 일정의 휴식 시간을 제공하여 과로를 방지해야 하며, 이러한 노력을 통해 엄마는 가정에서 자녀의 학습 환경을 최적화하고, 효과적인 학습 습관을 형성하도록 도와줍니다.

자녀와 함께 학교 소식 확인

엄마는 학교에서 제공하는 소식과 정보를 주시하고, 이를 자녀와 함께 공유하며 학교생활에 대한 소통을 강화합니다. 매일 자녀에게 학교 소식을 물어보고, 과제, 시험 일정 등을 함께 확인하여 계획을 세우도록 돕습니다. 또한, 학교 행사나 특별 활동에 대한 정보를 주목하고 자녀와 함께 참여 여부를 논의합니다.

학교에서 일어나는 다양한 사건에 대해 열린 대화를 통해 소통을 강화합니다. 이를 통해 엄마는 자녀의 학교생활에 대한 이해를 높이고, 자녀가 어려움을 겪을 때 지원을 제공할 수 있는 환경을 조성하게 됩니다.

시간 관리의 중요성 가르치기

엄마는 자녀에게 일과와 학습 시간을 효과적으로 관리하는 방법을 가르치며, 시간 관리의 중요성을 가르쳐 줍니다. 먼저, 엄마는 자녀와 함께 목표를 세우고 우선순위를 정하는 방법을 알려 주며 자녀의 일상을 시간 단위로 나누어 각 활동에 적절한 시간을 할당하고, 계획에 따라 효율적으로 진행하도록 지도합니다.

엄마는 계획을 세우고 일정을 따라가면서 생기는 성취감과 자기 조절 능력을 강화하도록 도움을 주고, 이러한 활동은 자녀가 미래에 대한 목표를 이루고, 스스로를 효과적으로 관리할 수 있도록 하는 데 도움을 주게 됩니다.

자녀와 함께 인터넷 리서치하기

엄마는 자녀에게 자료 검색과 리서치 방법을 가르쳐, 신뢰성 있는 정보를 찾는 능력을 키울 수 있습니다. 또한, 신뢰성 있는 웹사이트 및 전문 기관의 자료를 참고하는 중요성을 강조하며, 미디어 소스의 신뢰도를 판별하는 방법을 설명해 줍니다. 자료의 출처, 작성자, 갱신일 등을 확인하고 비판적 사고를 통해 정보를 평가하는 방법을 익히도록 지도함으로써 엄마는 자녀에게 온라인 및 오프라인 자료를 종합적으로 활용하여 신중하게 판단하는 습관을 길러, 학업 및 미래 계획에 도움이 되는 믿을 수 있는 정보를 찾도록 돕습니다.

진로 탐색 주제로 대화 나누기

엄마는 자녀와 함께 진로 탐색과 관련된 주제를 정하고 이야기를 통해 자녀의 관심사, 강점, 꿈을 듣고 해당 분야의 정보와 경험을 공유하여 자녀가 미래에 대한 방향성을 찾을 수 있도록 돕습니다. 함께 대화하며 자녀의 성격, 가치관, 흥미를 고려하여 다양한 진로 옵션을 탐색하고, 대학, 직업, 교육과 관련된 정보를 수집하여 제공합니다. 엄마는 자녀를 이끌어 가는 동안 자녀의 의견을 존중하고 자기결정 능력을 촉진하며, 공동의 목표를 찾아가는 활동을 통해 미래에 대한 적절한 방향을 찾는 데 도움이 됩니다.

자녀의 성격과 특성에 맞게 환경 조성해 주는 사례

내성적인 아이

내성적인 아이를 위해 조용하고 안정된 환경을 조성하는 활동은 매우 중요합니다. 먼저, 아이의 방이나 학습 공간을 조용하게 꾸며 주어 외부의 소음을 최소화하고, 집중력을 유지할 수 있는 환경을 제공합니다. 책상과 의자는 편안하고 안락하게 배치하여 아이가 혼자서 공부할 수 있는 공간을 만들어 줍니다. 전자기기나 소음을 일으킬 수 있는 물건들을 줄여 주고, 부드러운 조명을 사용하여 안정감 있는 분위기를 조성합니다. 정리된 환경은 아이가 더 편안하게 느끼도록 도와주며, 혼자서 생각에 잠길 수 있는 조용한 시간을 제공합니다. 이러한 활동을 통해 아이가 내성적인 특성을 존중하면서도 발전시킬 수 있는 환경을 조성할 수 있습니다.

외향적인 아이

외향적인 아이를 위해 활동적이고 화기애애한 환경을 조성하는 활동은 유익합니다. 먼저, 아이의 방이나 공부 공간을 밝고 활기차게 꾸며 주어 쾌적한 분위기를 조성합니다. 생동감 있는 색상과 포근한 조명은 아이의 기분을 상승시켜 학습 환경을 향상시킵니다. 다양한 학습 도구를 활용하여 아이가 창의적으로 활동할 수 있는 기회를 제공합니다. 그림, 공예, 음악 도구 등을 활용하여 다양한 미술적 활동을 할 수 있도록 도와주면 아이는 학습을 더욱 즐겁게 경험할 수 있습니다. 이러한 다양한 조건들을 통해 외향적인 아이가 적극적으로 활동하고 소통할 수 있는 환경을 제공할 수 있습니다.

집중력이 부족한 아이

집중력이 부족한 아이를 위해 집중할 수 있는 환경을 조성하는 활동은 중요합니다. 먼저, 아이의 공부나 놀이 공간을 정돈하여 깔끔하고 정리된 환경을 만들어 줍니다. 책상과 의자는 편안하게 배치하고, 적절한 조명을 제공하여 시야를 확보하면서도 눈이 피로하지 않게 도와줍니다. 시간 관리를 통해 일정한 휴식 시간을 마련하고, 집중력이 떨어질 때는 짧은 휴식을 취하도록 유도합니다. 휴식 시간에는 스트레칭이나 심호흡을 통해 몸을 이완시키는 동작을 함께할 수 있습니다. 집중력을 향상시키기 위해 흥미로운 학습재료나 도구를 활용하여 수업이나 놀이를 만들어 주는 것도 도움이 됩니다. 새로운 도전과 목표를 제시하여 아이가 흥미를 느끼고 몰입할 수 있도록 도와줍니다.

산만한 아이

산만한 아이를 위해 활동적이고 조금 시끄러운 환경을 조성하는 다양한 방법이 있습니다. 먼저, 음악이나 자연 소리를 활용하여 적당한 음향을 조성할 수 있습니다. 음악은 아이의 에너지를 증가시키고 창의성을 자극할 수 있으며, 조용한 자연 소리는 안정감을 주면서도 적절한 자극을 제공합니다. 또한, 아이가 움직이고 놀 수 있는 자유로운 공간을 마련하는 것이 중요합니다. 실내에서는 놀이매트나 큰 쿠션을 활용하여 움직일 수 있는 공간을 만들고, 실외에서는 정원이나 놀이터에서 자유롭게 뛰어놀 수 있는 기회를 제공합니다.

창의적인 아이

창의적인 아이를 위해 자유로운 환경을 조성하는 활동은 매우 중요합니다. 먼저, 아이의 방을 자유롭게 꾸며 주어 창의성을 자극할 수 있는 예쁜 예술 작품이나 자신의 작품을 전시할 수 있는 공간을 마련합니다. 또한, 다양한 예술 및 공예재료를 활용할 수 있도록 함으로써 아이가 자유롭게 창작활동에 참여하게 도와줍니다. 예를 들어, 종이, 색연필, 모래, 비즈 등 다양한 재료를 제공하여 아이가 자유롭게 아이디어를 구현하고 표현할 수 있도록 유도합니다. 또한, 자연에서 영감을 받을 수 있는 나뭇가지, 돌, 나뭇잎과 같은 자연 소재를 활용함으로써 창의성을 키우는 데 도움이 됩니다. 이러한 자유로운 활동을 통해 아이는 창의적인 아이디어를 발전시키고 표현하는 능력을 기를 수 있습니다.

논리적인 아이

논리적인 아이를 위해 체계적이고 계획적인 환경을 조성하는 활동은 중요합니다. 먼저, 아이의 방을 정리, 정돈하여 체계적으로 꾸며 주고, 공부에 집중할 수 있는 작업 공간을 마련합니다. 책장이나 정리함을 활용하여 물건을 분류하고 정돈함으로써 아이가 필요한 자료를 쉽게 찾을 수 있도록 도와줍니다. 또한, 아이가 논리적인 사고를 발휘할 수 있는 기회를 제

내 아이를 글로벌 리더로 키우는 엄마표 학습코칭

공하기 위해 퍼즐, 논리 게임, 수학적 문제 해결 등을 포함한 활동을 도입합니다. 이러한 활동은 논리적인 사고력과 문제 해결 능력을 향상시키는 데 도움이 됩니다. 아이의 관심사와 수준에 맞는 다양한 도전적인 활동을 통해 학습 경험을 확장하여 논리적 사고를 길러 주는 것이 좋습니다.

예민한 아이

예민한 아이를 위해 안정된 환경을 조성하는 활동은 매우 중요합니다. 먼저, 아이의 방을 편안하고 안정적인 분위기로 꾸미는 것이 도움이 됩니다. 부드러운 조명, 편안한 가구, 안정적인 색상의 벽 등을 고려하여 아이가 편안하게 느낄 수 있는 공간을 마련합니다. 또한, 스트레스를 해소할 수 있는 활동으로는 예민한 아이가 선호하는 취미나 관심사에 집중할 수 있는 시간을 마련해 주는 것이 좋습니다. 그리고 감정을 표현할 수 있는 예술 활동이나 명상과 같은 안정적인 활동을 도입하여 불안을 덜어 주는 것이 도움이 됩니다. 이러한 활동은 아이의 심리적 안정성을 증진시키고, 예민한 성향에 잘 대응할 수 있도록 도움을 줄 수 있습니다.

의존적인 아이

의존적인 아이를 독립성을 키우도록 지원하는 것은 중요합니다. 먼저, 아이에게 독립적으로 공부하는 방법을 가르쳐 줄 수 있습니다. 학습 계획을 스스로 세우고 목표를 설정하는 연습을 하도록 유도하며, 독립적인 학습 습관을 형성하도록 도와줍니다. 또한, 아이가 사신의 성과에 대해 자부심을 느낄 수 있도록 성공적인 순간에는 칭찬과 긍정적인 피드백을 제공합니다. 작은 성취에도 주목하고 격려함으로써 아이의 자신감을 키우며, 독립적으로 문제를 해결하고 공부할 수 있는 능력을 강화합니다. 부모나 선생님의 지원이 필요한 경우에도, 아이에게 적절한 도움을 주면서 동시에 스스로 해결할 수 있는 능력을 함양하는 데 주력합니다.

독립적인 아이

독립적인 아이를 지원하기 위해, 아이가 스스로 계획을 세우고 실행할 수 있도록 도와주는 활동이 필요합니다. 먼저, 아이에게 자기 일정을 관리하고 목표를 설정하는 방법을 가르쳐 줄 수 있습니다. 예를 들어, 학습 계획표를 만들거나 할 일 목록을 작성하는 습관을 길러 줄 수 있습니다. 또한, 자유로운 환경을 제공하여 아이가 독립적으로 자신의 관심사나 프로젝트에 참여하고 탐구할 수 있도록 격려합니다. 독립적인 공간과 자원을 제공하여 아이가 자기주도적으로 학습하고 탐험할 수 있는 기회를 주는 것이 중요합니다. 이를 통해 아이는 독립적인 사고와 문제 해결 능력을 키우면서, 자기주도적인 학습 습관을 형성할 수 있게 됩니다.

성취욕이 강한 아이

성취욕이 강한 아이를 지원하기 위해 아이가 스스로 목표를 세우고 달성할 수 있도록 도와주는 활동은 매우 중요합니다. 먼저, 아이와 함께 얘기를 나누어 그들의 강점과 흥미를 파악한 후, 그에 맞는 개인적인 목표를 설정하게 도울 수 있습니다. 예를 들어, 학업, 취미, 운동 등 다양한 영역에서의 목표를 고려할 수 있습니다. 목표를 세우고 달성하는 과정에서는 작은 단계부터 시작하여 큰 목표로 나아가도록 유도하고, 그 과정에서 격려와 칭찬을 통해 자신감을 키워 줍니다. 또한, 성취한 결과에 대한 긍정적인 피드백을 제공하여 아이의 노력을 인정하고 장려합니다. 이러한 활동은 아이가 자기주도적으로 목표를 달성하는 데 도움을 주며, 학습과 성장에 대한 긍정적인 경험을 제공할 수 있습니다.

게으른 아이

게으른 아이에게 동기를 부여하기 위해서는 아이가 즐기는 활동을 찾아 학습과 연결시키는 것이 효과적입니다. 예를 들어, 만화를 좋아하는 아이에게 관련된 주제의 도서를 제공하거나, 수학을 싫어하는 아이에게 일상생활에서 활용되는 수학 개념을 실제로 경험하게 하는 활동을 찾을 수 있습니다. 또한, 큰 목표보다는 작은 목표를 설정하고 조금씩 성취해 나가도록 도와주는 것이 중요합니다. 예를 들어, 공부 시간을 조금씩 늘려 가거나, 과제를 작은 부분으로 나누어 완료할 때마다 칭찬과 보상을 제공하여 동기를 높일 수 있습니다. 이러한 활동은 아이가 학습을 즐겁게 경험하며 성취감을 느끼게 하여 게으름을 극복하고 자발적인 학습태도를 형성하는 데 도움을 줄 것입니다.

엄마의 선택, 과외 or 학습코칭

여러분은 자녀의 미래를 위해서 과외와 학습코칭 중 어느 것을 선택하실 건가요?

엄마들의 교육열은 세계적으로 유명합니다. 아이가 태어나자마자 교육을 시작하고, 초등학교부터 고등학교까지 과외와 학원을 보내는 것이 당연시되어 있습니다. 하지만, 이렇게 많은 시간과 돈을 투자해도 아이의 성적이 오르지 않는 경우가 많습니다. 이는 아이가 스스로 공부하는 능력을 갖추지 못했기 때문입니다.

과외는 선생님이 학생에게 지식을 전달하는 방식으로 진행됩니다. 과외는 임박한 시험과 테스트에는 도움이 되고, 특정 과목의 부족한 부분에 대한 당장의 문제를 넘어서는 데 효과적일 수 있습니다. 하지만 그렇게 얻은 지식과 기술이 학생의 머릿속에 잘 각인되지 않으면, 장기적으로는 지속인 성장을 이루기 어렵습니다. 왜냐하면 학생이 과외 시간 이후에 혼자서도 동일한 수준의 학습을 유지하고 발전시키기 어렵기 때문입니다.

여기에서 제시되는 문제의 핵심은 자기주도성에 있습니다. 학생이 혼자서 공부할 수 있는 능력, 즉 자기주도성이 부족하다면 어떤 과외도 장기적인 성장을 보장하지 못합니다. 이러한 상황에서 빛나는 것이 바로 '학습코칭'입니다.

학습코칭은 학생이 자기주도적으로 학습 계획을 세우고, 목표를 향해 나아가는 과정에서 도움을 주는 것입니다. 이는 단순히 과목 지식을 전달하는 것을 넘어, 학생 스스로가 자신의 성장을 이끌어 내도록 돕는 방식입니다. 학습코칭은 과외와 달리 학생에게 지속적인 동기부여와 목표 달성의 기술을 제공하여, 그 결과 학생이 자기주도성을 향상시키게 됩니다.

그렇다면 왜 학습코칭이 과외보다 효과적인 것일까요? 학습코칭은 학생이 단순히 지식을 습득하는 데 그치지 않고, 학습하는 과정에서 스스로에 대한 인식을 높이고, 자기 흥미를 발견하며, 목표를 향해 노력하게 만듭니다. 이는 결국 학생이 과목에 대한 더 깊은 이해와 무엇보다 지속적인 학습을 가능케 합니다.

학생은 선생님이 가르쳐 주는 내용을 수동적으로 받아들이기만 합니다. 반면에 학습코칭은 학생이 스스로 공부할 수 있도록 도와주는 방식으로 진행됩니다. 학생이 자신의 학습 목표를 세우고, 계획을 세워서 공부를 하며, 자신의 학습 방법을 개선하고, 성적을 향상시킬 수 있도록 도와줍니다.

과외와 학습코칭을 비교해 보면, 학습코칭의 효과가 더 좋다는 것을 알 수 있습니다. 과외는 선생님이 학생의 성적을 올려주는 것이 목적이지만, 학습코칭은 학생이 스스로 공부하는 능력을 키우는 것이 목적이기 때문입니다.

학습코칭은 학생의 성격과 특성에 맞게 맞춤형으로 진행되기 때문에, 학생이 자신에게 맞는 학습 방법을 찾아서 효과적으로 공부할 수 있습니다. 또, 학습코칭은 학생의 학습 동기를 부여하고, 자신감을 높여 주기 때문에, 학생이 스스로 공부하는 습관을 기를 수 있습니다.

의사표현은 당당하고 자신감 있게

적재적소에 칭찬과 격려하기

적재적소에 아이의 성취나 노력을 칭찬하고 격려하는 활동은 아이의 자신감을 증진시키는 중요한 방법입니다. 예를 들어, 아이가 공부나 놀이에서 잘한 일에 대해 "너의 노력과 똑똑함이 정말 놀라워"와 같이 긍정적인 피드백을 제공할 수 있습니다. 또한, 실패나 어려움을 겪을 때도 "어렵게 느껴지겠지만, 넌 이미 많이 노력했어. 계속 도전하면서 배우면 돼"와 같은 격려의 말을 통해 아이에게 다시 도전하는 용기를 부여할 수 있습니다. 이러한 칭찬과 격려는 아이의 노력을 인정하며 긍정적인 자아 이미지를 형성하게 도와줍니다. 아이들이 자신에게 존중과 사랑을 느끼며 성공과 실패를 받아들이는 자세를 길러 나가는 데에 큰 도움이 됩니다.

자녀에게 긍정적인 말 해 주기

자녀에게 긍정적인 말을 통해 자신감을 심어 주는 활동은 중요합니다. 일상에서 자주 이용되는 긍정적인 표현들은 자녀들에게 긍정적인 자아 이미지를 형성하는 데 기여합니다. 부모가 아이에게 "너는 할 수 있어", "노력하면 뭐든지 이룰 수 있어"와 같은 말을 자주 사용하면, 아이들은 자

내 아이를 글로벌 리더로 키우는 엄마표 학습코칭

신에 대한 자신감을 키우게 됩니다. 이런 표현은 자녀들이 어려운 상황에서도 긍정적인 마인드셋을 갖도록 도와주며, 자기 자신에 대한 긍정적인 태도를 기르게 합니다. 또한, 자녀의 성취와 노력을 인정하고 격려하는 행동도 자아 존중감을 키우는 데 도움이 됩니다. 이러한 긍정적인 말과 행동은 자녀의 성장과 발전을 지원하며 건강한 자아 이미지를 형성하는 데 도움이 됩니다.

일상생활에서 자신의 생각과 감정 표현하기

일상생활에서 자신의 생각과 감정을 표현하는 연습은 아이들에게 자신감을 갖게 해 주는 중요한 활동입니다. 가족 구성원들과의 대화, 일기 쓰기, 예술 활동 등을 통해 자신의 감정을 표현하는 경험을 쌓을 수 있습니다. 또한, 다른 사람의 감정과 생각을 이해하는 활동도 도움이 됩니다. 가족 구성원들과의 역할 놀이, 동료들과의 토론, 문제 해결 활동을 통해 상대방의 관점을 이해하고 존중하는 능력이 향상됩니다. 이를 통해 아이들은 소통 능력을 기르면서 다양한 상황에서 긍정적인 인간관계를 형성할 수 있게 됩니다. 이러한 활동들은 아이들이 사회적으로 성숙해지고 자기 자신을 이해하는 데 큰 도움이 됩니다.

엄마와 1일 30분 이상 대화하기

엄마와 1일 30분 이상의 대화를 통해 아이는 자신의 생각과 감정을 표현하고, 다른 사람의 생각과 감정을 이해하는 연습을 할 수 있습니다. 엄마는 개방적이고 이해심 있는 자세로 아이의 이야기에 귀를 기울이며, 자연스럽게 대화의 주도를 넘겨줄 수 있습니다. 대화 중에는 아이의 의견에 긍정적인 피드백을 주고, 다양한 관점에서 이야기를 나누도록 유도합니다. 또한, 아이에게 자신의 의견을 주장하는 방법과 동시에 다른 사람의 의견을 존중하는 중요성을 가르치는 데 중점을 둘 수 있습니다. 이러한 대화는 아이들에게 존중과 소통의 중요성을 깨닫게 하며, 긍정적이고 건강한 인간관계를 형성하는 기초를 마련합니다.

엄마와 함께 글쓰기 연습하기

엄마와 함께하는 글쓰기 연습은 아이들이 자신의 생각과 감정을 표현하는 능력을 키우는 데 효과적입니다. 주제를 정하고 엄마와 함께 함께 이야기를 나누면서 각자의 생각을 정리하는 연습을 할 수 있습니다. 이를 통해 아이들은 자신의 생각을 논리적으로 정리하고 표현하는 기술을 키울 수 있습니다. 엄마는 아이들에게 글쓰기 기술에 대한 조언을 제공하고 문장 구조, 어휘 선택, 문법 등을 함께 검토할 수 있습니다. 또한, 글쓰기를 통해 아이들은 자신의 감정을 표현하고 공감하는 방법을 배우게 되어 감정 표현 능력도 함께 향상됩니다. 이러한 글쓰기 활동은 아이들의 창의성과 표현력을 향상시키면서 동시에 학습과 소통 능력을 강화하는 데 도움이 됩니다.

가족 구성원들 간 역할 놀이하기

가족 구성원들 간 역할 놀이는 다양한 경험과 감정을 표현하는 연습과 함께 상상력과 창의력을 키울 수 있는 훌륭한 활동입니다. 가족이 모여 특정 상황이나 이야기를 설정하고, 각자가 주어진 역할을 맡아 봅니다. 이를 통해 아이들은 다양한 역할을 경험하고 자신의 생각과 감정을 표현

내 아이를 글로벌 리더로 키우는 엄마표 학습코칭

하는 방법을 습득할 수 있습니다. 예를 들어 가족 구성원들이 서로 다른 직업이나 역할을 가진 가상의 가족 구성원으로 변신했을 때, 아이들은 새로운 역할에서의 감정과 경험을 상상하고 나누게 됩니다. 이를 통해 상상력이 풍부해지며 창의적인 아이디어를 발전시킬 수 있습니다. 또한, 역할 놀이를 통해 협력과 소통의 중요성을 이해하면서 가족 간의 유대감을 증진시킬 수 있습니다.

가정에서 엄마와 함께하는 스피치 연습

엄마와 함께하는 스피치 연습은 자신감 있게 의사를 표현하는 능력을 키우는 효과적인 방법입니다. 매주 정기적인 가족 모임에서 주제를 정하고, 아이들에게 스피치를 부탁하는 것이 가능합니다. 엄마는 아이들과 함께 주제를 선택하고 발표 기술에 대한 조언을 제공할 수 있습니다. 이를 통해 아이들은 발음, 발성, 호흡과 같은 스피치 기술을 연습하면서 소통 능력을 향상시킬 수 있습니다. 또한, 가족 간의 스피치 교환 시간을 마련하여 서로의 발표를 듣고 피드백을 주고받는 활동을 통해 서로의 발표 기술을 향상시킬 수 있습니다. 이러한 활동은 아이들이 공공 연설이나 학교 발표와 같은 상황에서도 자신의 의견을 자신감 있게 표현할 수 있는 능력을 기를 수 있도록 돕습니다.

가족들과 함께 임의 주제로 토론하기

가족과 함께 주제로 토론하는 활동은 아이들에게 논리적 사고력과 비판적 사고력을 키우는 훌륭한 방법입니다. 가족이 모여 주제를 정하고 각자의 의견을 제시하면서 토론을 진행합니다. 이 과정에서 아이들은 논리적으로 생각하고 말하는 연습을 하게 되어 논리적 사고력이 강화됩니다. 또한, 다양한 의견이 나오면서 아이들은 서로의 의견을 듣고 존중하는 능력을 키울 수 있습니다. 토론은 다양한 시각을 수용하고 효과적인 의사소통을 도모하므로, 비판적 사고력도 함께 발전합니다. 이러한 활동은 가족 구성원들 간의 소통과 이해를 촉진하면서, 아이들이 사회적인 상황에서도 자신의 의견을 논리적으로 표현할 수 있는 능력을 키우는 데 도움을 줍니다.

가족들 앞에서 자기소개하기

가족 앞에서 자기소개를 통해 소통 능력과 자신감을 키우는 활동은 아이들에게 매우 유익합니다. 주기적으로 가족 모임에서 자기소개 시간을 마련하여 각 구성원이 이름, 나이, 취미, 특기 등을 소개하도록 할 수 있습니다. 이를 통해 아이들은 자신의 정체성을 명확히 알리고 다른 가족 구성원들과의 관계를 강화할 수 있습니다. 또한, 발표하는 과정에서 긴장과 불안을 극복하면서 의사표현의 자신감을 키울 수 있습니다. 가족 앞에서 자기소개를 통해 자연스럽게 말하기와 듣기의 능력이 향상되며, 이는 학교나 사회에서의 대화 능력에도 긍정적인 영향을 미칩니다. 이러한 활동은 가족 간 소통을 촉진하고, 아이들이 자신의 강점을 알아 가며 자신감을 키울 수 있는 기회를 제공합니다.

의사표현의 시작은 경청에서 출발

가정에서 원활한 소통을 위해, 일상적 대화를 통해 상대방의 의견에 귀를 기울이는 경청 연습이 중요합니다. 가족 구성원 각자의 이야기를 들

내 아이를 글로벌 리더로 키우는 엄마표 학습코칭

고 이해하는 시간을 마련하면서, 상대방의 감정과 생각을 존중합니다. 가족회의나 이야기하는 시간에 각자의 의견을 나누고 경청하는 기회를 만들 수 있습니다. 또한, 활동 중에 상대방의 이야기에 집중하며 함께 참여하는 것도 경청의 방법 중 하나입니다. 감정이입을 통해 상대의 감정을 공감하고 이해하는 경험을 쌓으면, 가족 간의 소통이 더욱 풍부해집니다. 이러한 경청의 사례는 가정 분위기를 향상시키고, 서로에 대한 이해와 존중을 증진시켜 가족 구성원들 간의 화합과 소통을 높일 수 있습니다.

일상생활에서 가족 앞에서 발표하기

가족 앞에서 발표를 통해 자신의 생각과 의견을 전달하는 활동은 아이의 자신감을 키우고 소통 능력을 강화하는 효과적인 방법입니다. 가족회의를 열어 아이들에게 주제를 주고 각자 자신의 의견을 발표하게 할 수 있습니다. 이를 통해 아이들은 말하기와 듣기의 기술을 향상시키면서, 자신의 의견을 명확하게 전달하는 방법을 익힐 수 있습니다. 또한, 가족 앞에서 발표하는 과정에서 긴장감과 불안감을 극복하며 자신감을 키우게 됩니다. 주제를 선택하고 준비하는 과정에서는 문제 해결 능력과 창의성도 함께 향상됩니다. 이러한 발표 활동은 아이의 대인관계 능력을 강화하고 미래의 사회적 상황에서도 효과적으로 의사를 표현할 수 있는 능력을 기를 수 있습니다.

다양한 대회에 참가하여 성취감 키우기

다양한 대회에 참가하는 것은 아이에게 다양한 역량을 계발하고 자신감을 키우는 데 도움이 됩니다. 예를 들어, 과학, 수학, 문학 등의 분야에서 열리는 대회에 참여하면 아이는 주어진 주제에 대한 연구와 창의적인 해결책을 제시하며 자신의 학문적 역량을 향상시킬 수 있습니다. 체육 대회나 미술 대회와 같은 예술적 활동에 참가하면 창의성과 예술적 감각을 발전시킬 수 있습니다. 대회에서 높은 성과를 얻거나 경험을 통해 성취감을 느끼면, 자아 존중감과 자신에 대한 자신감이 향상되어 학업이나 삶의 다른 영역에서도 긍정적인 영향을 미칩니다. 이러한 경험을 통해 아이는 목표를 설정하고 노력하여 성과를 이뤄 내는 기술을 배우며, 동시에 도전에 대한 자신감을 키울 수 있습니다.

자녀의 창의력을 높여 주기 위한 활동 사례

엄마가 제공해 주는 다양한 경험

엄마가 제공하는 다양한 경험은 아이에게 새로운 아이디어를 제공합니다. 여행을 통해 다른 지역의 장소와 문화를 경험하면, 아이는 색다른 환경에서 자연스럽게 새로운 아이디어를 얻을 수 있습니다. 다양한 음식, 언어, 전통에 노출되면서 아이의 호기심과 창의성이 자극되어 세계를 더 넓은 시각에서 바라보게 됩니다. 미술관이나 박물관을 방문하는 활동도 효과적입니다. 다양한 작품들을 감상하고 이해하면서 아이는 예술의 다양성과 아름다움에 대한 인사이트를 얻게 되며, 자연스럽게 창의적인 시각과 아이디어를 개발하게 됩니다. 이러한 다양한 활동을 경험하면서 아이는 다양한 경험을 통해 자기 자신을 발견하고, 창의성과 상상력을 키울 수 있습니다.

가정에서 자유로운 분위기 조성하기

가정에서 창의적인 생각을 촉진하기 위해, 아이에게 자유로운 활동 공간을 제공하는 것이 중요합니다. 예를 들어, 방의 창문을 열어 햇볕이 잘 드는 쾌적한 환경을 조성하고, 다양한 놀이 장난감과 창의적인 미술용품을 제공할 수 있습니다. 또한, 정해진 규칙을 제한적으로 완화하여 아이가 자신의 아이디어를 자유롭게 표현하고 실험할 수 있는 분위기를 조성합니다. 아이가 자유롭게 독서, 드로잉, 놀이를 즐길 수 있도록 시간을 마련하고, 가족 구성원들과 함께 자유로운 대화와 아이디어 공유를 촉진하는 것도 효과적입니다. 이런 활동을 통해 아이는 자유로운 분위기에서 창의적인 생각을 자연스럽게 발휘하게 되며, 자기표현과 아이디어를 더욱 확장시킬 수 있습니다.

엄마와 함께 토론하는 문화 만들기

토론을 통한 창의적 사고를 증진시키는 활동으로, 가족이 주제를 정하고 함께 토론을 진행하는 것이 효과적입니다. 예를 들어, 일주일에 한 번씩 가족이 관심 있는 주제를 선택하고, 각자가 그 주제에 대한 의견을 준비해 오는 '가족 주간 토론'을 합니다. 토론 과정에서는 논리적인 주장과 증거를 제시하는 능력을 키우며, 다른 가족 구성원의 의견을 존중하고 비판적으로 생각하는 자세를 기를 수 있습니다. 또한, 다양한 관점에서의 의견을 듣고 이해하는 과정에서 창의적인 아이디어가 도출됩니다. 이러한 토론 활동을 통해 가족은 논리적 사고력과 비판적 사고력을 함께 강화하며, 창의적 사고를 발전시킬 수 있습니다.

엄마와 함께 독서하는 습관 만들기

독서를 통한 창의력 향상을 위한 활동으로, 가족이 함께 독서 시간을 갖는 것이 유용합니다. 가족 구성원들은 서로가 선택한 책을 읽고, 독서 후에 서로 이야기를 나누는 시간을 가집니다. 이때 각자의 상상력을 발휘하

내 아이를 글로벌 리더로 키우는 엄마표 학습코칭

여 책 속 인물의 삶을 어떻게 상상하는지 나누는 것이 중요합니다. 또한, 독서 후에 가족끼리 인물이나 상황에 대한 새로운 아이디어를 자유롭게 토론하고 나누는 '가족 아이디어 토론 시간'을 가질 수 있습니다. 이를 통해 책에서 얻은 영감을 가지고 창의적인 사고를 자연스럽게 키우고, 가족 간 소통과 이해를 높일 수 있습니다. 이러한 독서 활동은 아이들에게 상상력과 창의력을 증진시키는 중요한 계기가 될 것입니다.

실패를 두려워하지 않는 도전 정신 키워 주기

실패를 두려워하지 않고 도전하는 활동으로, '실험의 실패는 새로운 학습의 시작' 주제의 실험 놀이를 진행할 수 있습니다. 가족이 함께 도전적이고 창의적인 실험을 시도하면, 실패가 어떻게 새로운 아이디어의 씨앗으로 이어질 수 있는지를 몸소 체험하게 됩니다. 실험의 과정에서 발생한 실패를 통해 얻은 교훈과 아이디어를 함께 공유하면, 실패가 결국 성공으로 이어질 수 있다는 인식이 강화됩니다. 이를 통해 아이들은 새로운 도전에 대한 두려움을 극복하고, 실패를 통해 더 나은 결과를 얻는 자세를 기를 수 있습니다. 실패를 긍정적인 경험으로 바라보고 성장의 기회로 삼는 이러한 활동은 창의적인 사고와 문제 해결 능력을 향상시키게 됩니다.

자녀가 다양한 분야에 관심 갖게 해 주기

창의적인 사고를 기르기 위해 다양한 관심과 경험을 향상시키는 활동으로, 가족과 함께 다양한 분야의 박물관이나 문화 행사에 참여할 수 있습니다. 미술, 역사, 과학 등 다양한 주제에 대한 전문적인 지식을 얻을 뿐만 아니라, 다양한 시각과 관점을 확장시켜 창의적인 사고를 유발합니다.

또한, 여행이나 새로운 환경에서의 체험을 통해 다양한 문화와 사람들을 접하면서 새로운 아이디어와 관점을 발굴할 수 있습니다. 이러한 활동을 통해 아이는 다양성을 이해하고 존중하는 마음가짐을 키우며, 다양한 분야에서의 지식과 경험을 쌓아 창의적인 사고방식을 강화할 수 있습니다.

자녀의 창의적인 사고방식 길러 주기

창의적인 사고방식을 기르기 위한 활동으로는 다양한 관점에서 문제를 바라보고, 다양한 방법을 시도해 보는 것이 핵심입니다. '문제 해결 로프'라는 활동을 예로 들어 볼 수 있습니다. 참여자들은 주어진 문제에 대해 다양한 색의 로프를 사용하여 자유롭게 아이디어를 나누고, 문제에 대한 해결책을 찾는 과정에서 각자의 관점을 공유합니다. 또한, '아이디어 스왑'은 문제에 대한 다양한 시각을 도출하는 데 도움이 됩니다. 참여자들은 서로의 아이디어를 교환하면서 새로운 관점을 받아들이고 문제 해결에 적용합니다. 이러한 활동을 통해 참여자들은 다양성을 존중하고 유연한 사고를 기를 수 있으며, 문제에 대한 창의적이고 혁신적인 해결책을 발견할 수 있습니다.

엄마와 함께 다양한 문화와 예술을 경험하기

엄마와 함께 다양한 문화와 예술을 경험하는 활동은 창의적인 아이디어를 키우는 데에 유용합니다. 예를 들어, 음악에 대한 감상을 통해 다양한 장르와 악기에 노출되면 음악적 감각과 창의성이 증가할 수 있습니다. 미술 감상이나 스스로 그림을 그려 보는 것은 시각적인 창의성을 계발하며, 다양한 예술 작품을 살펴보면 새로운 시각과 아이디어를 얻을 수 있습니다. 또한, 연극이나 극장 공연을 감상하면 감정 표현 능력과 상상력이 향상됩니다. 직접 참여하는 것도 중요한데, 예를 들어 함께 뮤지컬이나 연극을 만들어 보거나 가족끼리 작은 연극 시연을 해 보는 것은 창의적인 아이디어를 공유하고 발전시키는 데에 도움이 됩니다. 이런 다양한 예술 활동을 통해 아이는 다양한 영감을 받아 창의적인 사고와 아이디어 발전에 도움을 받게 될 것입니다.

가족과 함께 새로운 아이디어를 공유하기

가족과 함께 아이디어를 공유하고 발전시키는 활동은 가족 구성원 간 소통을 촉진하고 창의성을 키우는 훌륭한 방법입니다. 가족 모임에서는 주제를 정하고 각 구성원이 자유롭게 아이디어를 제시할 수 있는 '가족 브레인스토밍 세션'을 진행할 수 있습니다. 이를 통해 모두가 참여하며 새로운 아이디어를 발굴하고 서로의 관점을 이해할 수 있습니다. 또한, '가족 아이디어 그림 대회'를 개최하여 각자가 그림이나 스케치로 아이디어를 표현하고 공유하는 활동을 통해 시각적으로 아이디어를 전달하고 이해하기 쉽게 할 수 있습니다. 가족 구성원들끼리 아이디어를 나누는 자리에서는 서로의 의견에 대한 피드백을 주고받아 아이디어를 발전시키는 것이 중요합니다. 이러한 활동은 가족 간의 소통 능력을 향상시키면서, 아이들에게는 협력과 창의성을 기를 수 있는 소중한 경험이 됩니다.

창의적인 교육 프로그램 참여하기

창의적인 교육 프로그램은 다양한 활동을 통해 창의적인 사고와 능력을 향상시키는 효과적인 방법을 제공합니다. 먼저, 문제 해결력을 키우기 위해 팀 프로젝트를 진행할 수 있습니다. 학생들은 협력하며 실제 문제에 대한 창의적인 해결책을 찾는 과정에서 창의적인 사고를 길러 나갑니다. 또한, 미술, 음악, 무용 등의 예술 활동을 통해 감각적인 창의성을 증진시킬 수 있습니다. 학생들은 각자의 예술 작품을 만들면서 독창성을 기를 수 있습니다. 프로그래밍, 로봇 공학, 디자인 등의 기술적인 활동을 통해 학생들은 문제 해결과 혁신적인 아이디어를 발전시키는 경험을 얻습니다. 마지막으로, 창의적인 교육 프로그램은 자유로운 아이디어 공유를 촉진하고, 학생들이 자신의 창의적인 프로젝트를 발표하며 표현하는 기회를 제공하여 공개적인 창의성을 키우도록 돕습니다. 이처럼 다양한 창의적인 활동을 통해 학생들은 창의적인 사고와 문제 해결 능력을 강화하게 됩니다.

엄마와 함께 그림책으로 표현하는 다양한 감정 이야기

엄마는 아이와 함께 다양한 감정을 다룬 그림책을 읽으며, 캐릭터들의 감정을 이해하고 나만의 감정 이야기를 그리는 시간을 마련합니다. 그림책을 통해 엄마는 아이에게 다양한 감정을 표현하고 이해하는 법을 가르치며, 아이는 이를 흥미롭게 체험합니다. 엄마는 책을 읽은 후 아이에게 그림이나 글로 자신의 감정을 표현하도록 유도하며, 아이는 자연스럽게 자신의 감정을 표현하고 나누는 데에 흥미를 느낍니다. 이를 통해 엄마와의 소통이 더욱 활발해지고, 아이는 감정을 표현하고 이해하는 데 보다 능숙해집니다. 이러한 활동은 감정 지능과 소통 능력을 함께 발전시키는 효과가 있습니다.

우리 가족의 감정 표현 놀이

가족이 함께 감정 표현 놀이를 즐기는 시간을 가집니다. 아이의 감정 이해력과 가족 간 소통을 증진시키기 위해, 가족 구성원들은 다양한 활동을 하면서 감정을 표현합니다. 가령, 가족 구성원들은 서로의 얼굴 표정을 모방하거나, 감정을 나타내는 단어를 그림이나 예술 작품으로 표현하는 데 참여합니다. 가족끼리 음악이나 춤으로 자유롭게 감정을 표현하면서 놀이를 즐깁니다. 또한, 가족 구성원끼리 서로에게 자신의 하루를 이야기하고 감정을 나누는 시간을 가지기도 합니다. 이런 감정 표현 놀이를 통해 아이는 다양한 감정을 인지하고 표현하는 방법을 배우면서, 가족 간의 소통이 중요하다는 인식을 갖게 됩니다. 이는 가족 구성원들 간의 유대감을 강화하고, 각자의 감정을 존중하며 공유하는 소중한 시간으로 이어집니다.

마음의 소리인 음악으로 나타내는 다양한 감정 체험

엄마는 아이와 함께 다양한 음악을 듣고, 각 음악이 전하는 감정을 이해하는 소중한 시간을 가집니다. 어떤 곡은 흥겨운 리듬을 통해 기쁨을 전하고, 어떤 곡은 서정적인 멜로디를 통해 감동을 전합니다. 엄마는 아이에게 음악을 통해 감정의 다양성을 체험하며, 가사나 음악의 분위기를 통해 어떤 감정을 느끼게 되는지 물어봄으로써 아이의 감정 이해력을 촉진합니다. 아이는 음악을 통해 다양한 감정을 경험하고, 이를 언어로 표현하는 능력이 향상됩니다. 또한, 음악을 통한 소통은 가족 간의 유대감을 강화하며 아이의 감정 성장에 도움을 줍니다.

엄마와 함께 공예 놀이로 표현하는 색다른 감정의 세계

엄마는 아이와 함께 공예 놀이를 통해 감정을 표현하는 아이디어를 제안합니다. 아이는 종이와 색을 활용하여 자유롭게 감정을 그려 내며, 창의성을 키우고 감정 표현 능력을 계발합니다. 엄마는 아이의 작품을 통해 감정의 다양성을 발견하며 아이의 세계를 더 깊이 이해할 수 있습니다. 이를 통해 아이는 색다른 감정의 세계를 경험하고, 미술을 통해 감정을 표현하는 즐거움을 발견합니다. 이 활동은 아이의 감정 표현 능력뿐만 아니라 창의성과 소통 능력도 함께 강화하는 효과가 있습니다.

엄마와의 일상 속 감정 대화로 자녀의 감정지수 높이기

엄마는 아이와의 일상에서 자연스럽게 감정에 대한 대화를 즐겁게 나눕니다. 아침 식사나 하루를 마무리할 때, 엄마는 아이에게 하루 동안 느꼈던 감정이나 경험에 대해 물어보고 공유하며 서로의 감정을 이해하고 존중하는 시간을 가집니다. 엄마는 이런 간단한 소통을 통해 아이에게 감정을 표현하고 이해하는 기회를 주어, 자연스럽게 감정 표현 능력을 향상시킵니다. 이러한 소통은 아이가 자신의 감정을 열고 편안하게 나눌 수 있는 기반을 마련하며, 원만한 인간관계를 구축할 수 있는 마음의 지수를 높이는 활동으로 이어집니다.

엄마와 함께 주말농장에서 씨앗 심기로 키우는 감정의 성장

엄마는 아이와 함께 주말농장에서 씨앗을 심고, 식물이 자라는 과정을 체험하며 감정의 성장과 발전을 이해하도록 돕습니다. 씨앗을 심는 순간의 기대감, 물 주는 과정에서의 책임감, 식물이 자랄 때의 성취감 등을 통해 아이는 자신의 감정이 마치 작은 식물처럼 성장하고 변하는 것을 느끼게 됩니다. 엄마는 각 단계에서 아이의 감정을 물어보고 함께 나누며, 감정의 변화를 자연스럽게 받아들이도록 돕습니다. 이를 통해 아이는 감정에 대한 성장과 이해가 깊어지며, 자연과 함께하는 경험을 통해 감정의 풍요로움을 경험합니다.

엄마와 함께 놀이동산에서의 즐거운 감정 체험

엄마는 놀이동산에서 아이와 다양한 놀이기구를 타면서 즐거움, 무서움, 설렘 등 다양한 감정을 함께 나눕니다. 롤러코스터를 타면서 두근거림과 떨림, 즐거움 등을 경험하며, 아이는 감정의 다양성을 체험하고 이해합니다. 엄마는 각 순간을 통해 아이에게 감정을 표현하는 법과 감정의 변화를 인정하는 중요성을 가르칩니다. 이로써 아이는 새로운 경험을 통해 감정의 다양성을 수용하고, 자연스럽게 감정을 이해하며 나눌 수 있는 능력을 기를 수 있습니다.

엄마의 블로그를 통해서 자녀와 감정 공유하기

엄마는 감정에 관한 솔직하고 개인적인 이야기를 블로그에 적어, 자녀와 함께 이를 읽고 나누는 시간을 가집니다. 엄마의 경험을 통해 아이는 엄마 또한 감정을 가지고 있으며, 감정을 표현하고 나누는 것이 자연스럽다는 것을 깨닫게 됩니다. 이를 통해 아이는 감정에 대한 이해가 높아지고, 자신의 감정을 표현하는 데 더욱 편안해집니다. 또한, 엄마와의 소통이 강화되어 가족 간의 유대감도 높아지게 됩니다.

영화 속에서 펼쳐지는 다양한 이야기 속 캐릭터의 감정 알아차리기

엄마는 자녀와 함께 다양한 감정을 담은 영화감상을 통해서, 캐릭터들의 감정에 공감하고 이해하는 경험을 제공합니다. 시청 후 어떤 감정을 느꼈는지 물어보며 자녀의 감정 표현을 촉진하고, 캐릭터의 행동에 대한 의견을 나누어 사고력을 확장합니다. 이를 통해 자녀는 감정을 인식하고 표현하는 기술을 향상시키며, 엄마와의 소통을 통해 감정적인 지혜를 얻게 됩니다.

부록

💬 1. 일상생활에서 의사소통의 물꼬를 트는 코칭 질문

- 학교생활에 관한 이야기 : "오늘 학교에서 무슨 재미있는 일이 있었어?"
- 좋아하는 책이나 영화에 대한 대화 : "최근에 읽은 책이나 본 영화 중에 어떤 것이 제일 좋았어?"
- 친구들과의 관계 : "가장 친한 친구에 대해서 이야기 좀 해 줘봐."
- 취미와 관심사에 대한 대화 : "최근에 흥미로운 취미나 관심사가 뭐야?"
- 좋아하는 음악이나 아티스트에 대한 이야기 : "최근에 듣는 음악 중에 어떤 것이 좋아?"
- 학교에서 배운 것에 대한 이야기 : "오늘 수업에서 무엇을 배웠어?"
- 자신의 강점과 약점에 대한 고민 공유 : "너의 장점과 발전이 필요한 부분에 대해 어떻게 생각해?"
- 연애나 친구 관계에 대한 이야기 : "연애나 친구 관계에서 어떤 고민이 있어?"
- 사회 이슈에 대한 의견 교환 : "최근에 사회적인 문제에 관심을 갖는 분야는 뭐니?"
- 직업에 대한 꿈과 비전 공유 : "원하는 직업에 대한 꿈은 뭐니?"
- 인터넷과 소셜 미디어 사용에 대한 이야기 : "인터넷과 소셜 미디어를 어떻게 활용하고 있어?"
- 동료나 선생님과의 관계에 대한 이야기 : "학교에서 어떤 선생님이나 친구와 좋은 관계를 유지하고 있어?"

내 아이를 글로벌 리더로 키우는 엄마표 학습코칭

- 자신의 가치관과 윤리에 대한 고민 : "자신의 가치관이나 윤리에 대해 어떻게 생각해?"
- 좋아하는 스포츠나 운동에 대한 이야기 : "좋아하는 스포츠나 운동이 있어?"
- 학교에서 돌아오는 길 : "오늘 하루는 어땠니?"
- 감정을 묻는 대화 : "오늘 기분이 어때?"
- 가족 활동에 대한 이야기 : "이번 주말에 가족끼리 뭐 할까 생각해 봤어?"
- 학교에서의 성취와 성과에 대한 이야기 : "미래에 어떤 분야에서 성공하고 싶은지 말해 봐."
- 미래에 대한 꿈과 목표에 대한 이야기 : "먼 미래에 이루고 싶은 꿈은 뭐니?"
- 고민이나 문제가 예상될 때 : "최근에 어떤 문제에 대해 고민하고 있니?"

🗨 2. 자녀의 사고의 확장을 도와주는 다양한 사례의 코칭 질문

새로운 시작을 묻는 질문

- 너의 가치를 높이려면 무엇을 시작해야 하니?
- 꿈 노트에 무엇을 기입하고 싶니?
- 지금보다 발전하려면 어떤 일을 시작해야 하니?
- 엄마에게 자랑할 수 있는 너만의 생활 규칙에 대해서 얘기해 볼래?
- 시작하기를 주저하게 만드는 것은 무엇이니?
- 어떤 일을 하며 땀을 흘리고 싶니?
- 결단하기 위해서 희생이 필요하다면 무엇을 희생하겠니?
- 하고 싶은 행동을 방해하는 것은 무엇이니?
- 어떤 일을 시작하는데 팀을 이루어야 한다면 누구와 팀을 이루고 싶니?
- 습관적으로 하고 싶은 일은 무엇이니?
- 어떤 분야의 전문가가 되고 싶어?
- 해야 한다는 것을 알고는 있지만 실행하고 있지 않는 것은 무엇이니?
- 목표를 달성하는 데 필요한 요소는 뭐라고 생각되니?
- 성공을 할 수 있다면, 즐길 수 있는 괴로움은 무엇이니?
- 최초의 길을 만든다면 어떤 길을 만들어 보고 싶니?
- 목표를 이루기 위해서 어떤 생각을 해 봤니?
- 1주일 전으로 돌아간다면 목표를 이루기 위해서 무엇을 해 보고 싶니?
- 내일로 미루지 않고 지금 당장 시작하고 싶은 일은 무엇이니?

- 하고 싶은 것에 좀 더 시간을 투자하려면 어떻게 해야 하니?
- 오늘은 하고 싶지 않지만 장래에 도움이 될 것 같은 일은 어떤 거라고 생각하니?

행동을 설계하는 질문

- 오늘의 여러 대화 중 실행 계획에 옮기도록 동기를 부여해 준 것은 무엇이니?
- 원하는 것을 지속적으로 하면 어떤 사람이 되어 있을 것 같아?
- 실행하는 데 발목을 잡는 것은 무엇이니?
- 이 도전을 극복하기 위해 어떻게 계획하면 될 것 같아?
- (고민하고 있을 때) 너에게 찬스이기도 하고 장애이기도 한 것은 무엇이니?
- 어떤 일을 빨리 하고 싶니?
- 새롭게 무엇에 도전해 보고 싶니?
- 계획대로 되지 않는 것은 무엇이니?
- 성장하기 위해 참고 있는 일은 무엇이니?
- 하지 않으면 안 된다고 생각하는 것은 무엇이니?
- 지금 현재 절실하게 생각하는 것은 무엇이니?
- 어떤 방향으로 가고 싶니?
- 실패가 무서워 내딛지 않는 것은 무엇이니?
- 어떤 분야의 수준을 높이고 싶니?
- 플러스로 바꾸고 싶은 마이너스는 무엇이니?
- 완벽하지 않더라도 어떤 것에 시작을 해 보고 싶니?

- 지금 어떤 벽 앞에 가로막혀 있다고 생각하니?

목표를 설정하는 코칭 질문

- 삶을 충만하게 살려면 무엇부터 변화시켜야 한다고 생각되니?
- 지금의 삶에서 어떤 부분들이 개선되면 만족하겠니?
- 지금 당장 어떤 일을 하게 되면 삶이 가장 크게 개선될 것이라고 생각하니?
- 지금 가지고 있는 것들 중에 더 많았으면 하고 바라는 것이 있다면 무엇이니?
- 지금 가지고 있는 것들 중에 줄어들었으면 하고 바라는 것이 있다면 무엇이니?
- 무엇을 보면 원하는 목표가 이루어졌다는 것을 알 수 있을까?
- 목표를 달성하게 되면 어떤 부분이 가장 크게 영향을 받을 것이라고 생각하니?
- 일상생활 중에 원하는 모습이 얼마나 자주 일어나면 만족하겠니?
- 현재 어떤 일이든 실패하지 않는다는 보장이 있다면, 무슨 일을 해 보고 싶어?
- 지금 당장 할 수 있는 일들 중에 당신에게 진정한 행복을 주는 것은 무엇이니?
- 진정으로 원하는 것은 무엇이니?

재미(흥미)있는 시각으로 보기 위한 질문

- 그것의 재미있는 점은 무엇이니?

내 아이를 글로벌 리더로 키우는 엄마표 학습코칭

- 그 상황에서 재미있는 부분은 무엇이니?
- 그 상황을 좀 더 재미있는 상황으로 만들려면 어떻게 하면 될까?
- 그 상황이 어떻게 되기를 바라니?
- 어떻게 하면 즐길 수 있는지에 대해서 사람들에게 설명해 준다면 어떻게 설명해 주겠어?

논리적으로 명확한 설명 질문

- 그것은 무슨 의미인지 구체적으로 이야기해 줄래?
- 그것은 어떤 느낌인지 자세하게 표현해 보겠니?
- 무엇이 너를 혼란스럽게 한다고 생각되니?
- 좀 더 자세히 말해 볼래?
- 네가 정확히 원하는 것은 무엇이니?

탐구정신 함양 질문

- 이 문제를 좀 더 심층적으로 탐구해 보면 어떤 생각이 드니?
- 다른 각도에서 생각해 본다면 어떤 생각이 드니?
- 한 가지 가능성만 더 이야기해 본다면 무엇이 있을까?
- 다른 선택권이 있다면 어떤 것을 선택할 수 있겠니?

긍정적인 생각/기쁨의 감정 질문

- 어떻게 하면 만족스러운 기분을 느낄 수 있겠니?
- 감사하게 생각하는 것은 무엇이니?
- 요즘 무엇이 흥미롭게 하니?

- 어떻게 하면 이 일을 쉽게 할 수 있을까?

- 요즘 너를 웃게 만드는 것은 무엇이니?

- 재능을 더 발휘하게 하고/편안하게 해 주는 것은 무엇이니?

- 어떻게 하면 이 일을 재미있고 가벼운 일로 만들 수 있을까?

- 어떻게 하면 더욱 활기차게 생활할 수 있을까?

- 무엇이 너를 흥분시키는 열정을 갖게 하니?

- 지금 이 순간 감사함을 생각해 본다면 무엇에 대해 감사하고 있니?

문제의 본질 또는 실체를 묻는 질문

- 문제가 뭐라고 생각하니?

- 주요 장애물이 뭐라고 생각하니?

- 어떤 것이 지금 멈칫하게 만든다고 생각하니?

- 가장 걱정하고 있는 문제는 무엇이니?

- 정말 원하는 것은 무엇이니?

요약/정리를 묻는 질문

- 너의 결론은 무엇이니?

- 이것이 어떤 효과를 발휘한다고 생각하니?

- 이 상황에 대해서 어떻게 설명할 수 있니?

- 이 모든 상황이 결국 어떻게 될 것이라고 생각하니?

- 지금까지의 노력을 요약해서 말해 줄 수 있겠니?

💬 3. 학습코칭 전문가 자가 진단

순번	내용	체크 (O, X)
1	자녀의 비밀을 잘 지킨다.	
2	자녀와의 약속을 잘 지킨다.	
3	자녀의 의견을 존중하고 선택권을 준다.	
4	자녀의 욕구를 잘 알아차려 준다.	
5	자녀가 이야기하고 싶은 숨어 있는 맥락을 잘 찾아낸다.	
6	자녀와 대화 시 최대한 말을 아끼고 경청한다.	
7	자녀에게 친구 같은 엄마라고 자부한다.	
8	하루에 한 번 이상은 칭찬을 해 준다.	
9	자녀의 학습을 돕기 위해 혼자 공부하는 시간을 보낸다.	
10	자녀에게 친절하게 잘 설명해 준다.	
11	자녀 스스로 자기주도적 학습을 할 수 있는 방법을 고민한다.	
12	자녀가 재미있게 공부할 수 있도록 동기부여 방법을 고민한다.	
13	최근 1수일 중 4일 이상 1회 2시간 이상 자녀의 학습을 도왔다.	
14	나의 개인적인 시간보다 자녀의 학습을 돕는 시간이 우선이다.	
15	나는 언제든지 품 안에서 자녀를 떠나보낼 준비가 되어 있다.	

16	복습보다 예습이 중요하다고 생각한다.	
17	자녀에게 잔소리보다는 질문을 많이 한다.	
18	열린질문의 개념을 명확하게 알고 있으며 자녀에게 열린질문을 하려고 노력한다.	
19	인정의 개념을 명확하게 알고 있으며 자녀를 인정하려고 노력한다.	
20	메타인지의 개념을 명확하게 알고 있으며 자녀의 메타인지를 높여 주려고 노력한다.	
결과	O 표시가 14개 이상 : 당신은 이미 학습코칭 전문가입니다.	
	O 표시가 10개 이상~14개 미만 : 당신은 학습코칭 전문가의 잠재력을 가지고 있습니다.	
	O 표시가 9개 이하 : 당신은 자녀에 대한 관심과 개입이 필요합니다.	

내 아이를 글로벌 리더로 키우는 엄마표 학습코칭